# Georg Markus

## Es hat uns sehr gefreut

### Die besten Anekdoten aus Österreich

Mit Zeichnungen von
Bruno Haberzettl

Amalthea

Umschlaggestaltung: Bernd und Christel Kaselow, München
Umschlagillustration: Bruno Haberzettl
Herstellung und Satz: VerlagsService Dr. Helmut Neuberger
& Karl Schaumann GmbH, Heimstetten
Gesetzt aus der 12/15 Punkt Simoncini Garamond
Druck und Bindung: Wiener Verlag, Himberg
Printed in Austria 1996
ISBN 3-85002-383-4

# Inhalt

7

# »Aus drei Anekdoten
das Bild eines Menschen«

## Vorwort

Sicher, man könnte über jeden einzelnen von ihnen
eine ganze Biographie schreiben (und bei dem einen
oder anderen habe ich das auch getan). Aber man kann
Persönlichkeiten mitunter durch eine kleine pointierte
Geschichte treffender charakterisieren als durch lange
– allzu lange – Abhandlungen. Dabei darf ich mich auf
einen Großen (der selbst »Stoff« für so manche
Geschichte in diesem Buch liefert) berufen: »Aus drei
Anekdoten«, sagte Egon Friedell, »ist es möglich, das
Bild eines Menschen zu geben.«
Bei vielen Denkmälern der österreichischen Geschichte – und sie stehen im Mittelpunkt dieses Buches – ist
das möglich. Daß Kaiser Franz Joseph ein extremer
Frühaufsteher und Hans Moser sehr sparsam war, hat
sich mittlerweile ebenso herumgesprochen wie die Tatsache, daß Helmut Qualtinger dem Alkoholgenuß nicht
abgeneigt war. Also können wir uns hier auf eher unbekannte, meist heitere Episoden aus deren Leben konzentrieren.
Die »Bilder«, die laut Friedell durch Anekdoten »gegeben« werden, zeigen ganz unterschiedliche Persönlich-

keiten. Herrscher wie Maria Theresia, Josef II. und Franz Joseph. Ärzte wie Billroth und Freud. Schauspieler wie Kainz, Girardi, Oskar Werner, Moser, Hörbiger und die Wessely. Dirigenten wie Karajan. Feldherrn wie Prinz Eugen und Radetzky. Politiker wie Figl und Kreisky. Maler wie Makart und Kokoschka. Geistliche wie Abraham a Sancta Clara und Kardinal Innitzer. Komponisten wie Mozart, Beethoven, Strauß, Lehár. Dichter wie Nestroy, Schnitzler und Karl Kraus. Sie zeigen auch einige namentlich nicht bekannte Hofräte, Fiaker und den einen oder anderen Angehörigen der Unterwelt. Und unvergessene Kabarett-Legenden. Den Qualtinger, den Grünbaum, den Farkas. Der die heitere Episode österreichischer Provenienz so definierte: »Die Anekdote ist ein Witz, der im Burgtheater aufgetreten ist.«

Georg Markus
Wien, im Juli 1996

# Für dreißig Jahre unsterblich

## Komponisten sind auch nur Menschen

»*Was ein richtiger Musiker sein will, der muß auch eine Speisekarte komponieren können.*«

RICHARD STRAUSS

# Franz Liszt dreht das Licht ab

Franz Liszt war auch als Pianist ein Liebling des Publikums in den noblen Salons zwischen Wien, Paris und Budapest. In jungen Jahren ein Freund des damals noch ziemlich unbekannten Frédéric Chopin, war der aus Raiding im Burgenland stammende Komponist sehr darum bemüht, seinem genialen Kollegen behilflich zu sein, in der Öffentlichkeit bekannt zu werden.

Und er wandte dabei einen einzigartigen, höchst erfolgreichen Trick an: Liszt nahm Chopin eines Abends in eine elegante Gesellschaft mit, in der er selbst gelegentlich – jedesmal umjubelt – zu spielen pflegte. Wie so oft schon in diesem Salon wurde Liszt gebeten, sich an den Flügel zu setzen. Kaum hatte er Platz genommen, äußerte er den Wunsch, in absoluter Dunkelheit zu spielen, um sich besser konzentrieren zu können. Die Kerzen wurden gelöscht, und es folgte eine lange, glänzende Improvisation, die die erlauchten Besucher vollkommen in ihren Bann zog. Als das Ende gekommen war, gab es ebenso stürmischen wie lang anhaltenden Beifall, und aus den Reihen der Zuhörer drangen die begeisterten Rufe: »So kann nur Liszt spielen!«

Da ließ dieser die Lichter wieder entzünden, und er rief aus einer ganz anderen Ecke des Saales: »Sie irren, meine Damen und Herren!«

Und am Flügel saß ein junger Mann, den bis dahin kaum jemand gekannt hatte. Es war der Abend, an dem der Stern des jungen Frédéric Chopin zu leuchten begann. Sein einzigartiges Spiel sprach sich schnell herum, und der junge Pianist ward bald ein berühmter Mann.

# Beethoven und der Kaiser

Ludwig van Beethoven wirkte in Gesellschaft oft »abwesend«, weil er sich voll und ganz in seine Musik vertiefte. Das ging so weit, daß er bei einem Diner in der Wiener Hofburg dem neben ihm sitzenden Kaiser Josef II. den Takt auf den Rücken schlug. So sehr der Meister von eifrigen Hofbeamten mit Blicken gemaßregelt wurde – der gütige Monarch lächelte nur und sagte: »Ein Untertan hat mich geschlagen, und ich habe ihn nicht bestraft.«

Kaiser Josef regierte gerade in den Jahren, da die beiden größten Musikgenies in seinem Reich tätig waren. Neben Beethoven lebte auch Mozart in Wien. Wolfgang Amadeus, stets in Geldnöten, bezog ein vom Hof ausbezahltes fixes Gehalt von achthundert Gulden als Kammerkomponist, erhielt aber keinen einzigen Kompositionsauftrag. Befragt nach der Höhe seines Entgelts, sagte Mozart: »Zuviel für das, was ich leiste, aber zuwenig für das, was ich leisten könnte.«

# Eine Symphonie als Lebensretter

Was Musik in unserem Inneren zu bewirken vermag, hat jeder schon erfahren: Momente des Glücks, der Erbauung, des Entschwebens in eine andere Welt. Eine ganz andere Dimension von Glück hatte Ende des 19. Jahrhunderts ein Konzert zur Folge, das Joseph Haydn in London gab.

Als er am Ende einer Symphonie den Taktstock aus der Hand legte und sich verbeugte, erhoben sich die begeisterten Besucher von ihren Sesseln und strömten vor zum Orchester, um den genialen Musiker aus der Nähe sehen und bejubeln zu können.

Kaum waren die Sitze in der Mitte des Parketts infolge der Ovationen geleert, löste sich der riesige Kronleuchter aus der Verankerung, stürzte zu Boden und zertrümmerte Teile des Konzertsaales. Abgesehen von wenigen Besuchern, die durch Kristallsplitter leichte Verletzungen erlitten, kam niemand zu Schaden.

Als sich die erste Aufregung gelegt hatte, riefen zahlreiche Menschen das Wort »Mirakel« aus. Haydn war gerührt und dankte der Vorsehung, daß durch ein gütiges Geschick mindestens dreißig Menschen das Leben gerettet worden war. Die Symphonie aber wurde lange mit dem Beinamen *Mirakel* aufgeführt.

# »Da haben's den Haydn derschossen!«

Zu Joseph Haydn noch eine sehr wienerische Geschichte: Ein amerikanischer Tourist fragte, als er sich durch die Wiener City kutschieren ließ, seinen Fiaker, warum denn der *Heidenschuß* Heidenschuß hieße. Der Kutscher dachte kurz nach und sagte dann:»Weil's da den Haydn derschossen haben!«
Nun, Haydn starb am 31. Mai 1809 eines natürlichen Todes, selbstverständlich ohne jede Gewalteinwirkung. »Papa« Haydn, wie der schon zu Lebzeiten populäre Komponist allseits genannt wurde, stand im 78. Lebensjahr, als ihn der Tod in seinem Wohnhaus Windmühle 73 – in der heutigen Haydngasse – ereilte.
Der Heidenschuß aber (die Verbindung zwischen dem Platz Am Hof und der Freyung) in der Wiener Innenstadt wurde nach einer im 14. Jahrhundert erstmals erwähnten Kaufmannsfamilie namens Heiden benannt. 1547 tauchte die Bezeichnung »Do der Heide schußt« auf und später ein Hausschild, das einen türkischen Bogenschützen darstellt. Ein Bäckermeister, Mitglied jener Familie Heiden, dürfte sich also, einer Sage zufolge, bei der ersten Wiener Türkenbelagerung heldenhaft hervorgetan haben.
Dabei wären dem rührigen Fiaker auf seiner Wien-Tour mit dem Amerikaner genügend Schauplätze zur Verfügung gestanden, die tatsächlich an Joseph Haydn erinnern: In *Haydns Sterbehaus* in der *Haydngasse* befindet sich das *Haydn-Museum*, es gibt ein *Haydn-Denkmal* (vor der Mariahilfer Kirche), einen *Haydn-Hof*, einen *Haydn-Park* und neben der *Haydn-*

*gasse* auch noch die *Joseph-Haydn-Straße* (im 14. Bezirk).

Für den Touristen aus den USA bleibt Joseph Haydn freilich das Opfer eines finsteren Mordanschlages.

## Richard Wagner in Wien

Richard Wagner gastierte des öfteren in Wien. Zunächst freilich behielt man ihn hier nicht so sehr als großen Künstler denn als wenig kreditwürdigen Schuldner in Erinnerung. Schon als neunzehnjähriger Kapellmeister mußte Wagner die österreichische Metropole fluchtartig verlassen, weil er seine hiesigen Außenstände nicht zu begleichen in der Lage war. Jahrzehnte danach, bereits ein berühmter Mann, war er in Wien wieder einmal vollkommen pleite – und so hinterließ er hier einen Kontorückstand von 30 000 Gulden.

Eine vom Meister persönlich, wie immer äußerst impulsiv geleitete Aufführung beschrieb ein Kritiker mit den Worten: »Wagner dirigierte, nachdem er drei Taktstöcke zerdroschen hatte, mit einem aus dem Orchestergraben herausgerissenen Stuhlbein.«

Als der König von Siam in Wien weilte, wurde er, wie in solchen Fällen üblich, von Kaiser Franz Joseph zu einer Vorstellung in die Hofoper geladen, in der man Wagners *Lohengrin* gab. Nach mehr als vierstündigem

16

Kunstgenuß auf allerhöchstem Niveau wurde der orientalische Potentat gefragt, welcher Moment dieses Abends für ihn der faszinierendste gewesen sei. Da antwortete der König:»Am besten hat mir gefallen, wie die Musiker, noch ehe der Vorhang sich erhoben hatte, ihre Instrumente stimmten.«

Freilich irrte auch Grillparzer, als er nach einem Konzert über die *Tannhäuser*-Ouvertüre schrieb:»Ich bin entzückt. Das heißt: gegenwärtig. Denn während des Anhörens taten mir ziemlich die Ohren weh.«

## Schüler von Giuseppe Verdi

Giuseppe Verdi war von Musikexperten lange verkannt worden. Österreichs Erzherzogin Marie Louise – die Tochter Kaiser Franz' I. und Witwe Napoleons – hatte ein Stipendium für den jungen Musikus befürwortet, mit dem er am Konservatorium in Mailand studieren sollte. Doch der achtzehnjährige Giuseppe fiel bei der Aufnahmsprüfung mit Bomben und Granaten durch. Hatten die Professoren doch »völlige Talentlosigkeit und eine schlechte Handhaltung beim Klavierspiel« festgestellt.

Verdi hat seine Wien-Besuche nicht unbedingt in bester Erinnerung behalten. 1852 wurde an der k. k. Hofoper erstmals *Rigoletto* aufgeführt, etwas später *Troubadour* und *La Traviata* – alle in Anwesenheit des

17

Meisters. Wiens Kritikerpapst Eduard Hanslick bezeichnete Verdis Musik als »Mißgeburt«, und mehrere Aufführungen wurden sogar von der Sittenpolizei überprüft. *Aida* war für Hanslick »weder die Tat eines schöpferischen Genies noch die Arbeit eines fertigen Meisters«. Die Wiener freilich liebten ihren Verdi vom ersten Moment an. Auf der Kärntner Straße stand ein Werkelmann und leierte die populäre Arie *La donna e mobile* aus *Rigoletto* herunter. Verdi war verzweifelt, als er vorbeiging, denn der Bettler war alles andere als musikalisch. Der Meister warf ihm eine Münze in den Hut und forderte ihn auf, das Stück wenigstens nicht so schnell zu spielen. Als er am nächsten Tag wieder vorbeikam, hatte der Mann ein Schild mit der Aufschrift um den Hals hängen: »Schüler von Giuseppe Verdi«.

Verdi selbst, der fast neunzig Jahre alt wurde, blieb sein Leben lang ein bescheidener Mann. Als er gefragt wurde, welches seiner Werke er für sein bedeutendstes halte, antwortete er: »Mein Altersheim in Mailand«. – Der Meister hatte es aus eigenen Mitteln für bedürftige Musiker errichten lassen.


## Der falsche Richard Strauss


Richard Strauss, Schöpfer genialer Opern wie *Die Frau ohne Schatten* und *Electra*, war von 1919 bis 1924 Direktor der Wiener Staatsoper, und gleichzeitig wurde er auch als Dirigent gefeiert. 1923 unternahm er mit den Wiener Philharmonikern eine Südamerikatournee, in deren Verlauf er über dreißig Konzerte und Opernaufführungen dirigierte. Die letzte Veranstaltung sollte in der brasilianischen Stadt Bahia stattfinden, doch gerade als er im Hafen das Schiff verlassen wollte, erhielt Strauss ein Telegramm, in dem er gebeten wurde, sich möglichst schnell in der Staatsoper einzufinden.

Ehe er die damals drei Wochen dauernde Reise nach Wien antrat, übertrug er dem Oboisten Alexander Wunderer (der Strauss überdies ähnlich sah) die Leitung des Konzerts in der brasilianischen Stadt. Kein Mensch in Bahia merkte, daß der berühmte Komponist nicht am Pult stand, und die Philharmoniker freuten sich über den Jubel im ausverkauften Saal. Nur der wahre Dirigent des Abends kränkte sich ein wenig, daß nicht er, sondern »der große Ricardo Strauss« anderntags von der Presse gefeiert wurde.


## Meister Brahms' letztes Gulasch


Wenn es hier jemanden gibt, den ich noch nicht beleidigt habe«, sagte der als Zyniker bekannte Johannes Brahms einmal, »dann bitte ich um Entschuldigung.«

Die Wiener Familie Eibenschütz führte dereinst ein großes Haus. Tochter Ilona galt zu ihrer Zeit als Wunderkind und reiste – als Lieblingsschülerin Clara Schumanns – von einem Klavierkonzert zum anderen. Und der Schwiegersohn Robert Schiff zählte zu den bevorzugten Porträtisten Kaiser Franz Josephs – sein berühmtestes Bild des Monarchen hängt in der Ischler Lehár-Villa.

Zum Mittagessen im Salon besagter Familie Eibenschütz kam jeden Sonntag kein Geringerer als Johannes Brahms. Nicht nur der erlesenen Gesellschaft wegen, die ihn dort erwartete, sondern auch, weil hier ein Gulasch von unerreichter Qualität serviert wurde.

Als man Brahms eines Sonntags fragte, warum er gar so deprimiert wirke, erzählte er, sein Arzt hätte ihm gerade mitgeteilt, daß er an einem unheilbaren Leberleiden laboriere. Das Bedauern aller Anwesenden war ihm sicher, und als man zum traditionellen Mittagstisch schritt, meinte Frau Eibenschütz:»Aber nach dieser Diagnose dürfen Sie unser Gulasch nicht mehr nehmen, Meister, das wäre zu schwer für Sie!«

»Ach was«, wehrte Johannes Brahms ab, »stellen wir uns vor, ich wäre erst übermorgen zur Untersuchung gegangen.«

Sprach's und ließ sich sein Gulasch einmal noch schmecken.

Befragt, was er von der Unsterblichkeit halte, meinte Brahms:»Wenn sie heutzutage dreißig Jahre dauert, dann ist das schon sehr viel.«

# Ein Posten bei der Königin von Saba

Ein moderner Komponist will von einem Kollegen wissen, was er von seiner neuen Oper halte.
»Die wird vielleicht noch gespielt werden, wenn alle großen Meister vergessen sind!«
»Wirklich?«
»Ja, aber nur dann!«

Josef Hellmesberger, legendärer Konzertmeister der Wiener Philharmoniker, wird darauf angesprochen, daß sich sein komponierender Sohn in einem seiner Bühnenwerke stark an Mozart anlehne.
»Na und«, sagt er, »wissen Sie mir vielleicht einen Besseren zum Anlehnen?«

Apropos »Anlehnen«: Vom Komponisten Karl Goldmark wird berichtet, er habe für sein Werk *Merlin* fünf Jahre gebraucht. »Ha«, lachte Hellmesberger, »sowas stiehlt mein Sohn in drei Monaten zusammen!«

Goldmark war mächtig stolz darauf, daß mehrere seiner Werke an der Wiener Hofoper aufgeführt wurden. Besondere Triumphe feierte er mit seiner Oper *Die Königin von Saba*, die sowohl vom Publikum als auch von der Presse umjubelt wurde. In seinem Stolz versäumte er keine Gelegenheit, auch ihm persönlich nicht bekannten Menschen von seinen großen Erfolgen zu berichten. Einer fremden Dame stellte er sich vor:
»Erlauben Sie, Gnädigste, mein Name ist Goldmark, ich bin der Komponist der *Königin von Saba*.«

»Sehr erfreut«, reagierte die Angesprochene, »ich bin die Vorleserin der Erzherzogin Sophie.«

Auch während einer Bahnfahrt gab er sich einer Sitznachbarin gegenüber als »Komponist der *Königin von Saba*« zu erkennen. Worauf die Dame meinte: »Ach, das ist aber sicher ein guter Posten.«

## Kein Duell mit dem Walzerkönig

Johann Strauß Sohn galt als bescheidener Mann. Als der Pianist Alfred Grünfeld seinen *Frühlingsstimmenwalzer* spielte, sagte der Walzerkönig: »So schön wie du ihn spielst, ist er gar nicht.«
Und über seinen Bruder Josef: »Ich bin populärer, er ist begabter.«

Selten haben sich Kritiker so sehr geirrt wie bei den »Sträussen«. Eduard Hanslick nannte Johann »ziemlich erfindungsschwach«. Demselben Irrtum erlag auch Strauß Vater, der seinen Söhnen einmal schrieb: »Das habe ich schon herausgekriegt, ihr habt alle keine Spur von Talent.«

Wie dem Talentiertesten der »Talentlosen« die Noten zuflogen, hinterließ uns ein Komitee-Mitglied des *Technikerballs*. Der Mann trat kurz vor der Eröffnung in einem Restaurant an Johann jun. heran, um ihn zu fragen, wie weit die Komposition eines vor Wochen in Auftrag gegebenen Musikstückes gediehen sei. »Ich habe noch keine Note«, gestand Strauß, nahm die Speisekarte zur Hand und ließ innerhalb von dreißig Minuten den seither oft gespielten *Accelerationenwalzer* entstehen.

Öffentliche Auftritte haßte er. »Lieber zehn Walzer komponieren«, meinte Strauß, »als eine einzige Rede halten.«

Jean« oder »Schani«, wie die Wiener ihn nannten, war der große Frauenliebling seiner Zeit. Ein Offizier forderte ihn zum Duell auf, weil seine Frau dem Walzerkönig Rosen geschickt hatte. Johann nahm das Duell an, unter der Bedingung allerdings, daß der Eifersüchtige vorher sein Hotelzimmer besichtige. In dem mit Blumenbouquets unzähliger Verehrerinnen übersäten Appartement sagte Strauß dann: »Bitte, suchen Sie die Rosen Ihrer Gattin heraus.«
Das Duell fand nicht statt.


## Die Schwestern der Strauß-Brüder


Gemeinsam mit ihrem Vater bilden die drei »Sträusse« Johann, Josef, Eduard eine Musikerdynastie, wie es sie nie wieder geben sollte. Daß die berühmten Brüder auch zwei Schwestern hatten, ist weitestgehend unbekannt.

Insgesamt hatte Johann Strauß Vater sechs Kinder. Neben den drei komponierenden Söhnen gab es noch Anna und Therese. Und den kleinen Ferdinand, der im Alter von zwei Jahren »am hitzigen Wasserkopf« starb. Die Eltern wechselten so oft die Wohnungen, daß beinahe jedes ihrer Kinder in einer anderen geboren wurde. Nach dem Willen ihrer drei Brüder sollten auch Anna, genannt »Netti«, und Therese Dirigenten werden. Der Name Strauß war in Wien so populär, daß es weit mehr Angebote gab, als die Brüder annehmen konnten. Die Schwestern sollten das Straußorchester ab 1862 leiten, als sich Johann nach seiner Heirat mit der Sängerin Henriette »Jetty« Treffz weitestgehend zurückziehen wollte. Ihr Einsatzgebiet wäre der Volksgarten gewesen.

Es wurde nichts daraus, und die Schwestern blieben ohne Beruf. Sie haben auch nie geheiratet. »Der Johann«, schrieb Therese Strauß nach dessen Tod im *Illustrierten Wiener Extrablatt*, »der hat ein Herz wie Gold gehabt. Wie er ein berühmter Mann geworden ist, da hab' ich müssen jeden Freitag bei ihm speisen.«

Anna, die andere Schwester, sollte eine delikate Rolle in Johanns Leben spielen. Kam ihr doch im Herbst 1881 die undankbare Aufgabe zu, ihn darüber zu informieren, daß seine zweite Frau Lily ein Verhältnis mit Franz Steiner, dem Direktor des Theaters an der Wien, hatte, »was ganz Wien eh schon lange gewußt hat«.

Als wenige Tage nach Bekanntwerden der Affäre just im Theater an der Wien die neue Strauß-Operette *Der lustige Krieg* Premiere hatte, kursierte der Witz: »Der häusliche Krieg« mit Lily –, *Der lustige Krieg* mit Girardi.

Strauß jedenfalls zog die Konsequenzen, nachdem Anna ihn informiert hatte. Er trennte sich von seiner Frau und heiratete ein drittes Mal. In Adele fand er nun die Partnerin für den Rest seines Lebens. Ihr widmete er mit dem *Adelenwalzer* eines seiner Meisterwerke. Doch auch seine Schwestern gingen – wie die meisten Familienmitglieder – durch ihn in die Musikgeschichte ein. *Traumbilder* nannte er die Kompositionen, über die er 1895 an seinen jüngsten Bruder Eduard schrieb:»Du kommst auch dran, niemand ist vor meiner Grausamkeit gefeit. Denke an das Portrait der Netti und der Therese …« Anna starb 1903 im Alter von 74 Jahren, Therese 1915 mit 84. Sie waren nie aus dem Schatten ihrer Brüder getreten.

## Wie Kálmán seine Vera kennenlernte

Emmerich Kálmán zählt zu den großen Vertretern der »Silbernen« Operettenära. Seine *Csárdásfürstin*, *Gräfin Mariza* und *Die Zirkusprinzessin* gingen als unsterbliche Musikwerke um die Welt.
Es war im März 1928, als Kálmán im Café *Sacher* auf der Ringstraße – nicht zu verwechseln mit dem gleichnamigen Hotel – sein Frühstück einnahm. Das *Sacher*-Café war täglicher Treffpunkt der Wiener Operettenpromi-

nenz, hier verkehrten auch Franz Lehár, Oscar Straus, Robert Stolz und Ralph Benatzky. Paula, Kálmáns langjährige Lebenspartnerin, war wenige Wochen vorher an den Folgen einer heimtückischen Krankheit verstorben, und der 46jährige Meister sah sich außerstande, auch nur kurze Zeit allein zu leben. Im März 1928 also nimmt ein ausnehmend hübsches Mädchen an einem nahen Tisch im *Sacher* Platz. Kálmán fragt den Kellner, wer die junge Dame sei, der erklärt mit einer geringschätzigen Handbewegung, daß es sich um eine arbeitslose Schauspielerin handle, die bereits des öfteren ihren Kaffee nicht bezahlt habe. So seien auch ihre letzten Konsumationen in der Höhe von 11,82 Schilling noch offen.

Kálmán übernimmt die Rechnung, sieht das Mädchen anderntags im selben Kaffeehaus, spricht es an, vereinbart weitere Rendezvous, stellt die junge Dame Hubert Marischka vor, dem Direktor des Theaters an der Wien, der ihr auch prompt eine kleine Rolle in der gerade in Vorbereitung befindlichen Kálmán-Operette *Die Herzogin von Chicago* anvertraut.

Einige Monate später sind Emmerich »Imre« Kálmán und die fast dreißig Jahre jüngere Vera Makinskaja, Tochter weißrussischer Flüchtlinge, verheiratet. Nach zwanzigjähriger Ehe, der drei Kinder entsprangen, ließen sich die Kálmáns in New York scheiden. Um kurz danach ein zweites Mal zu heiraten. Und diesmal hielt die Verbindung bis zum Tod des Komponisten im Jahre 1953.

26

# Gershwins Kugelschreiber in Wien

1928, in dem Jahr, da Kálmán seine Vera kennenlernte, kam Amerikas Musikgenie George Gershwin nach Wien. Der Komponist war damals in den USA überaus populär, vor allem durch seine *Rhapsodie in Blue*, in Europa hingegen war sein Name noch weitestgehend unbekannt.

Da Gershwin ein großer Operettenfan war, schrieb er – ehe er die Europareise antrat – einen Brief an Emmerich Kálmán, dessen *Gräfin Mariza* er liebte.

Kálmán kannte und schätzte Gershwins Musik und lud den Kollegen aus Amerika zu einem Diner in seine Wiener Wohnung ein. Anwesend waren an diesem Abend die Librettisten Alfred Grünwald und Julius Brammer, die den Text zur *Gräfin Mariza* geschrieben hatten, sowie Kálmáns junge Frau Vera.

Die erinnerte sich später: »Grünwald hatte eine Idee, wie man Gershwin, der mit Bruder Ira – seinem kongenialen Librettisten – in Wien war, eine Freude bereiten könnte. Man würde nach dem Essen ins Café *Westminster* auf der Mariahilfer Straße fahren, wo damals jeden Abend Dolfi Dauber mit seinem Vierzig-Mann-Orchester aufspielte. Während Gershwin unterwegs nach Wien war, wurden die Noten seiner bekanntesten Werke beschafft und in die Mariahilfer Straße verfrachtet. Die Dauber-Kapelle übte tagelang den für sie ungewohnten amerikanischen Sound.

Diner also bei Kálmáns. Nach dem Essen sagt Gershwin, er würde gerne in eine Bar gehen, in der man

Operettenmelodien, vor allem von Kálmán, spielt. Die Wiener in der Runde warfen einander vielsagende Blicke zu, denn das war der richtige Moment, um den Überraschungscoup zu landen.

Man fuhr ins Café *Westminster*, wo George Gershwin Operettenmelodien zu hören hoffte.»Die Herren saßen noch nicht an ihrem Tisch«, erzählte Vera Kálmán,»da intonierte die Kapelle auch schon die *Rhapsodie in Blue*. Gershwin hatte Tränen in den Augen, er dachte ja, daß hier kein Mensch seine Musik kennt.« Und dann eine schöne Geste: Gershwin nimmt einen Stift aus der Sakkotasche. Es war ein Stift, der die kleine Künstlerrunde in großes Erstaunen versetzte, denn ein solches Ding kannte man in Europa noch gar nicht.»Das ist ein Kugelschreiber«, erklärte George Gershwin,»ein neues Schreibgerät aus den USA. Mit diesem Stift habe ich die *Rhapsodie in Blue* geschrieben. Und ich schenke ihn Emmerich Kálmán.« So war der erste Kugelschreiber nach Wien gelangt.

## Ein Astaire-Film ohne Fred Astaire

Jahrzehnte später, im Sommer 1995, gastierte der Broadway mit dem Musical *My One and Only*, einer Zusammenstellung aus Gershwin-Melodien, im Wiener Ronacher. Die Aufführung hatte Schwung, war professionell inszeniert und choreografiert, doch war, wie so oft in solchen Fällen, nicht die allererste Garnitur nach Europa gekommen. Bei der anschließenden Premierenfeier flüsterte Marcel Prawy: »Es war wie ein Film mit Ginger Rogers und Fred Astaire. Nur ohne Ginger Rogers und Fred Astaire.«

## Robert Stolz und der Gerichtsvollzieher

Robert Stolz litt in den zwanziger Jahren unter akuter Geldnot, war er doch mit seinem Operettentheater in der Wiener Annagasse pleite gegangen. Das einzige, das er noch besaß, war eine goldene Taschenuhr, und um wenigstens die zu retten, wandte er den folgenden – uns von Marcel Prawy überlieferten – Trick an: Wann immer der Gerichtsvollzieher Navratil kam, und das war in diesen Tagen oft der Fall, wanderte die goldene Uhr vom Nachtkastl des Komponisten auf das seines besten Freundes Otto Hein, mit dem er ein schäbiges Untermietzimmer teilte.

Das Ritual war immer dasselbe: Navratil läutete, Stolz wußte, daß der »Kuckuck« drohte, und die Uhr wurde auf Ottos Nachttisch plaziert. Der Gerichtsvollzieher betrat das Zimmer, lächelte wohlwollend und sagte: »Ich seh' schon, Herr Stolz, Ihr Nachtkastl is' leer, bei Ihnen is' nix zu pfänden.« Und ging wieder.

Eines Tages war Navratil wieder da. Die Uhr wanderte, Robert Stolz schaute unschuldig – doch der Herr Gerichtsvollzieher ging diesmal schnurstracks auf Otto Heins Nachtkastl zu. Und nahm die Uhr an sich.

»Was ist los, um Gottes Willen?« protestierte der fassungslose Robert Stolz.

»Regen S' Ihna net auf«, sagte Herr Navratil, »heut' pfänd' ich den Hein!«

Sprach's, steckte die Uhr ein und ging. Stolz war um seinen letzten Wertgegenstand gekommen.

Bald übrigens nicht nur um diesen. Freund Hein nahm ihm noch etwas ab: Seine damalige (zweite) Ehefrau Franzi Ressel ging mit dem Zimmergenossen des Komponisten auf und davon.

## »Wenn ich die Einzi zur Witwe hätt'«

Nach Verlust von Uhr (und Frau) ließ Robert Stolz seinen damaligen Spitzbart abrasieren, um von den zahlreichen Gläubigern nicht erkannt zu werden. Daß er selbst in dieser Situation seinen Humor behielt, bestätigte mir eine alte Dame – ihr Name ist Friedl Weiss, und sie war zwischen den beiden Weltkriegen eine beliebte Soubrette an Wiener Bühnen und Kabaretts. Frau Weiss, die im August 1996 in bewundernswerter Frische ihren hundertsten Geburtstag feierte und die seinerzeit noch alle Berühmtheiten persönlich gekannt hatte, verkehrte einst im legendären Künstlercafé *Dobner* am Naschmarkt, zu dessen Gästen – neben Lehár, Kálmán und vielen anderen – auch Robert Stolz zählte. Als er dort aus obigem Grund erstmals ohne Bart erschien, gingen selbst seine besten Freunde grußlos an ihm vorbei, weil sie Stolz mit blankem Gesicht nicht erkannten. Eines Tages erblickte der frischrasierte »Unbekannte« im *Dobner* die fesche Friedl Weiss. Er kam an ihren Tisch und fragte:»Sagen Sie Fräulein, kennen Sie den Robert Stolz?«

»Ja, natürlich«, antwortete die Angesprochene.

»Ist das nicht ein unsympathischer Kerl?«

»Nein, ganz im Gegenteil, das ist ein überaus feiner Mann.«

Da lachte Robert Stolz und gab sich zu erkennen: »Friedl, ich dank' dir, du bist die erste, die nicht über mich schimpft!«

Sein wahres Glück hatte Stolz dann erst mit Ehefrau Nummer fünf, mit seiner »Einzi«, gefunden, die sich auch als perfekte Managerin (und später dann als Nachlaßverwalterin) des Komponisten erwies. Ernst Haeusserman sagte nach dem Tod von Robert Stolz:»Ja, wenn ich die Einzi zur Witwe hätt', könnt ich auch beruhigt sterben.«

## »Der größte Blödsinn, der je geschrieben wurde«

Karl Farkas, der 1930 gemeinsam mit dem Komponisten Robert Katscher das musikalische Lustspiel *Die Wunder-Bar* verfaßt hatte, erzählte einmal, wie der populärste Schlager dieser Revue entstanden ist:»Der Katscher und ich hatten die Ambition, literarisch und niveauvoll zu sein, und wir haben feine Texte ziseliert, da kam der Direktor der Wiener Kammerspiele und sagte zu uns: ›Das ist zu schwach, man muß da noch einen Schlager hineintun, irgend etwas Derbes‹.«

Farkas und der Komponist waren bitterböse. »Der Katscher setzt sich zum Klavier«, berichtete Farkas weiter, »haut lieblos in die Tasten, singt aus Zorn dazu: *Bibibibibi*.« Und das war auch schon die Melodie eines späteren Welterfolgs.

Die beiden lachten und Farkas sagte: »Paß auf, dem Direktor werden wir's zeigen, wir machen einen Schlager, der ganz unmöglich ist, ein Lied, das morgen wieder abgesetzt wird, weil es so schlecht ist. Du nimm ruhig dieses *Bibibibibi* und ich mach den blödesten Text meines Lebens, und zwar so, daß er abgesetzt werden muß.«

Der Kabarettist nahm die damalige Mode zum Anlaß für seinen Text. In der Inflationszeit waren die Damenkleider kurz gewesen, jetzt wurden sie wieder länger. Innerhalb weniger Minuten entstanden die Reime:

*Wenn die Elisabeth, nicht so schöne Beine hätt, hätt sie viel mehr Freud, an dem neuen langen Kleid. Doch da sie Beine hat, tadellos und kerzeng'rad, tut es ihr so leid um das alte kurze Kleid ...*

»Und jetzt«, sagte Farkas, »das Reimlexikon zur Hand und weitergedichtet«:

*Das kann man doch verstehen, beim Gehen, beim Drehen, kann man jetzt nichts mehr sehen, und niemand weiß Bescheid ...*

Farkas: »Das ganze in einem Zorn heruntergedichtet – und wieder den Anfang genommen. Ohne Pointe«:

*Wenn die Elisabeth, nicht so schöne Beine ...*

»Der schlechteste Text der Welt also«, meinte Farkas. »Hab' ich mir gedacht, das wird schon bei der Premiere nicht gefallen und spätestens in ein paar Wochen, wenn die Mode wieder kürzer ist, ist auch die Aktualität vorbei ... Was soll ich Ihnen sagen: der Blödsinn ist zugleich mit dem ganzen Stück in sämtliche Sprachen der Welt übersetzt worden. Die *Wunder-Bar* wurde mit *My friend Elisabeth* am Broadway aufgeführt und in Paris, man sang auf italienisch *Lisetta va alla moda*, auf spanisch und was weiß ich noch alles. Und das alles für den größten Blödsinn, der je von einem Menschen geschrieben wurde.«

Der ungarische Komödienautor Ladislaus Bus-Fekete besuchte 1933 im Wiener Scala-Theater den Komponisten Paul Abraham, als dieser seine Operette *Ball im Savoy* vorbereitete. Obwohl er nur Gast war und mit der bevorstehenden Premiere nichts zu tun hatte, redete er dem Regisseur und den Sängern ununterbrochen drein. Schließlich lachte der Dichter auch noch mehrmals an völlig falschen Stellen lauthals auf. Abraham, am Dirigentenpult, klopfte mit dem Taktstock ab und sagte zu dem ungezogenen Besucher: »Ich muß schon bitten, Herr Bus-Fekete! Ich habe ja bei Ihren Lustspielen auch nicht gelacht!«

## Veronika, der Lenz ist da

Wiens große Komponisten müssen ein Faible für Frauen mit dem Namen Yvonne gehabt haben. »Einzi« Stolz heißt eigentlich so, Emmerich Kálmáns Tochter ebenfalls. Und auch die Witwe nach Walter Jurmann hat – erraten – den Vornamen Yvonne. Sie lebt seit vielen Jahren in Los Angeles.

Dabei müßte Yvonne Jurmann eigentlich in San Francisco zu Hause sein, denn das ist der Titel des berühmtesten Liedes, das ihr Mann – ein gebürtiger Wiener – geschrieben hat: *San Francisco, du bist die Stadt für mich* . . . zählt zu den erfolgreichsten Schlagern aller Zeiten.

Walter Jurmann war Pianist im Panhans am Semmering, wo ihm Richard Strauss eine große Zukunft prophezeite. In der Berliner *Eden-Bar* traf er Lehár, Kálmán und den Textdichter Fritz Rotter, mit dem er seinen ersten Schlager schrieb: *Was weißt denn du, wie ich verliebt bin* wurde von Richard Tauber gesungen.

Aus einer Blödelei entsteht ein weiterer Hit: Als ein Plattenproduzent namens Grenzebach ein Kaffeehaus betrat, improvisierte Jurmann am Klavier eine Melodie, zu der er selber sang: »Wer kommt denn da, der Grenzebach ...« Der Produzent erkannte den Rhythmus und beauftragte Jurmann, daraus ein Lied zu schaffen. Es entstand *Veronika, der Lenz ist da*.

Jurmann komponierte mehr als vierhundert Melodien, deren Interpreten Jan Kiepura, Mario Lanza, die Marx-Brothers, Duke Ellington, Judy Garland, Gene Kelly, José Carreras, Hans Moser und Hans Albers sind. Zu seinen »Ohrwürmern« zählen *Du bist nicht die erste, Ein spanischer Tango, Nino, Cosi Cosa*.

1936 gelang Jurmann mit *San Francisco* der Durchbruch. Ohne je in dieser Stadt gewesen zu sein, schrieb er das Lied für den gleichnamigen Film mit Clark Gable, Jeanette McDonald und Spencer Tracy. Dreizehn Jahre nach Jurmanns Tod kam es dann zum »Krieg« seines größten Hits mit der nicht minder berühmten Melodie *I left my Heart in San Francisco*: Die

Bewohner der Stadt an der Golden Gate-Brücke wurden aufgerufen, sich in einer Volksbefragung zu entscheiden, welche der beiden Melodien die offizielle Hymne der Metropole werden sollte. Das Ergebnis war eindeutig: Achtzig Prozent stimmten für das Lied des Wieners.

1971 besucht Jurmann mit seiner Frau noch einmal die alte Heimat. Am 16. Juni komponiert er hier, überwältigt von der Pracht seiner Vaterstadt, *Wien ist wieder Wien, wie's einmal war*. Tags darauf stirbt er, 68jährig, in Budapest.


# My Fair Loewe


Die Wurzeln des Komponisten, der das »britischeste« aller Musicals schuf, sind nicht an der Themse zu suchen, sondern an der Donau: Frederick Loewe kam am 10. Juni 1904 als Sohn eines Wiener Operettentenors und einer Wiener Schauspielerin in Berlin (wo seine Eltern gerade engagiert waren) zur Welt. Ein Theaterereignis machte ihn unsterblich: *My Fair Lady*.

In der Staglgasse in Wien-Fünfhaus aufgewachsen, blieb der kleine Fritz nicht lange in der Heimat, da sein Vater berufsbedingt viel reiste: Dreizehnjährig gibt er mit den Berliner Philharmonikern sein erstes Klavierkonzert, zwei Jahre später komponiert Fritz mit *Kathrin, du hast die schönsten Beine von Berlin* seinen ersten Hit. Als sein Vater 1924 auf Amerikatournee geht, begleitet er ihn – und bleibt. Er muß sich zunächst als Kellner, Preisboxer, Cowboy und Goldgräber über Wasser halten, da den Musikproduzenten seine Melodien »zu wienerisch« sind. Während der Prohibitions-Zeit spielt er dann als Stimmungspianist in üblen Spelunken und an der Bar eines Schiffs, das durstige Amis übers Wochenende nach Kuba bringt, wo der Whisky in Strömen fließt.

Schon einmal in dubiose Gesellschaft geraten, ist der Weg in die nächste Spielhölle nicht weit. Aber dort hat Loewe 1942 die Begegnung seines Lebens. Er trifft den Songtexter Alan Jay Lerner, mit dem er ein unschlagbares Duo bildet. Am 15. März 1956 feiern sie in New York die Uraufführung des erfolgreichsten Musicals aller Zeiten: *My Fair Lady*, die auf George Bernard Shaws *Pygmalion* basierende Geschichte des Blumenmädchens Eliza Doolittle und des Gelehrten Professor Higgins. Dabei wollte vorerst kein Mensch an den Erfolg der Story glauben, fünf prominente Schauspieler hatten es abgelehnt, die männliche Hauptrolle zu übernehmen, und auch die Eliza war kaum zu besetzen. Doch dann sprengte *My Fair Lady* alle Rekorde: siebeneinhalb Jahre Broadway, fast dreitausend ausverkaufte Vorstellungen in London. Audrey Hepburn und Rex Harrison lockten Millionen ins Kino, die Platten eroberten alle Hitparaden. Kein Wunder: Loewe war das seltene Kunststück gelungen, mit jeder einzelnen Melodie einen Ohrwurm zu landen. Das Musical steht heute noch auf den Spielplänen in aller Welt.

Zwei Jahre nach seiner *Lady* hatte Frederick Loewe mit *Gigi* einen weiteren großen Erfolg.

Der weltberühmte Wiener starb 1988 im Alter von 84 Jahren.

# Warum spielt bei den
## Schinkenfleckerln …

In Wien wurde Fritz Spielmann durch einen Schlager populär, der durch den Reim *Warum spielt bei den Schinkenfleckerln allerweil das Fleisch Versteckerln?* gekrönt wird. In den USA kennt man ihn als Komponisten, der Lieder für Frank Sinatra, Nat King Cole, Bing Crosby, Dean Martin und Elvis Presley schrieb.

In den zwanziger Jahren, als der gebürtige Wiener noch in seiner Heimatstadt lebte, ist die folgende, von ihm selbst erzählte Geschichte passiert: »Ein sehr reicher Mann namens Maurice Lindemann hatte es sich in den Kopf gesetzt, Komponist zu werden, und ich sollte ihm dabei behilflich sein. Das Problem war: Alles, was Herr Lindemann komponierte, hatte Lehár schon vor ihm geschrieben! Ich riet ihm davon ab, mit seinen Liedern in die Öffentlichkeit zu gehen, aber er ließ sich nicht davon abbringen.«

Spielmann lebte damals als armer Musikstudent in Wien. »Lindemann zahlte gut, also nahm ich eines seiner Lieder mit nach Hause, bearbeitete es, so daß er am nächsten Tag glaubte, es wäre seines. Dann sagte er: ›Jetzt brauche ich einen Textdichter.‹«

Fritz Spielmann fuhr mit Lindemann zu den Librettisten Alfred Grünwald und Julius Brammer. Dieser, vom unbedingten Wunsch getragen, ein berühmter Komponist zu werden, machte den beiden ein großzügiges Angebot: Er würde ihnen, sollten sie einen Text zu seiner Melodie schreiben, aus seiner Kunstsammlung einen echten Tizian überlassen. Ein Original des Meisters aus dem 16. Jahrhundert!

Spielmann schildert weiter: »Das konnten die beiden nicht ablehnen. Und so verfaßten sie zu ›seinem‹ Werk den etwas holprigen Refrain: *In Paris, bei der Uhr der Madeleine.*«

Und jetzt geschah das Unglaubliche: Das Lied wurde ein Schlager – hätte es damals eine Hitparade gegeben, es wäre auf einem der vordersten Plätze gelandet, jeder sang, spielte, kaufte *In Paris, bei der Uhr der Madeleine.*

Spielmann traf die beiden Textdichter kurze Zeit später im Café *Sacher*, »wo mich Alfred Grünwald einem Fremden als ›der Komponist vom Herrn Lindemann‹ vorstellte«. Fragte Brammer seinen Co-Autor Grünwald: »Was machen wir zu zweit mit einem Tizian?«

Antwortete Grünwald: »Auseinanderschneiden!«

Ob das wahrhaft fürstliche Honorar jemals ausbezahlt wurde, konnte ich trotz intensivster Recherchen nicht herausfinden.

# »Sie werden noch an einem Druckfehler sterben!«

## Von den Göttern in Weiß

*»Die Kranken geben bei weitem nicht so viel Geld aus,
um gesund, als die G'sunden, um krank zu werden.«*

JOHANN NESTROY

# »Man kommt auch ohne Gehirn durch!«

Einst kamen Ärzte aus aller Welt in die k. k. Residenzstadt, um die revolutionären Ergebnisse der *Wiener Medizinischen Schule* zu studieren. Zur Zeit Maria Theresias war es Gerhard van Swieten, später erreichten Mediziner wie Ignaz Philipp Semmelweis, Theodor Billroth, Julius Wagner-Jauregg, Karl Rokitanski und Adolf Lorenz – der Vater von Konrad Lorenz – Weltgeltung.

Neben ihren medizinischen Leistungen hinterließen uns die großen Ärzte auch eine ganze Reihe von Anekdoten. So etwa war der berühmte Anatom Joseph Hyrtl wegen seines beißenden Spotts gefürchtet. Ein Student, der bei ihm zum dritten Mal zu einer Prüfung antreten mußte, sagte zu einem Assistenten: »Wenn ich heute wieder durchfalle, steche ich mir das Seziermesser ins Herz!«

Professor Hyrtl reagierte ganz ruhig, als man ihm dies mitteilte: »Ins Herz? Keine Gefahr. Der weiß gar nicht, wo es liegt!«

Ein anderes Mal war Hyrtl milder gestimmt. Wieder trat ein nicht sehr talentierter Student zur Prüfung an. Er ersuchte den Professor, ihn nicht über die Anatomie des Gehirns zu befragen, da er »nicht mehr dazugekommen« sei, dieses Kapitel zu studieren. Hyrtl erfüllte den Wunsch, der Student absolvierte die Prüfung mit Erfolg. Als er sich bei Hyrtl bedankte, sagte dieser: »Sehen Sie, man kommt auch ohne Gehirn durch!«

## Der eine heilt, der andere heult

Ein Patient des Chirurgen Theodor Billroth hatte nur eine einzige Krankheit: Er war ein schwerer Hypochonder. Wegen jeder Kleinigkeit ließ er den Arzt kommen, auf alle medizinischen Zeitschriften war er abonniert, mit seiner populärmedizinischen Bibliothek hätte er eine ganze Buchhandlung füllen können.
Wieder einmal wegen nichts und wieder nichts zu ihm gerufen, fand Billroth seinen Patienten Puls und Herz fühlend, die Zunge im Spiegel betrachtend und vor allem aufgeregt in seinen Schmökern blätternd und nachlesend.
»Geben Sie acht, mein lieber«, warnte Billroth, »Sie werden noch an einem Druckfehler sterben!«

In die Ordination des nicht minder angesehenen Chirurgen Eduard Albert kam ein feiner alter Herr, Typus Reiteroffizier. »Herr Professor«, sagte der Patient, »ich möchte Sie wieder konsultieren.«
»Wieder? Ich kann mich gar nicht erinnern, daß wir uns schon einmal . . .«
»Sie haben mich doch an den Hämorrhoiden operiert, Herr Professor!«

»Tatsächlich? Darf ich bitten?« Professor Albert bat den Herrn, sich auf den Behandlungstisch zu legen.
Der Arzt beugte sich nun über ihn und fuhr zurück, frohes Wiedererkennen in der Stimme: »Oh, meine Verehrung, Herr Graf!«

Der berühmte Bassist Hans Rokitanski war ein Sohn des weltberühmten Arztes Karl Rokitanski, der zu den Gründern der *Wiener Medizinischen Schule* zählt. Als Rokitanski jun. an die Hofoper kam, formulierte Josef Hellmesberger, der für seine geschliffenen Pointen berühmte Konzertmeister des Opernorchesters, den Unterschied zwischen Vater und Sohn Rokitanski: »Der eine heilt – der andere heult!«

# Der Blasenstein des Fürsten Liechtenstein

Der Urologe Professor von Ivanchich entfernte einen Blasenstein des Fürsten Liechtenstein. Nach erfolgter Operation sandte Liechtenstein tausend Gulden als Honorar.
Ivanchich öffnete das Kuvert und sagte zum Boten: »Sagen Sie Seiner Durchlaucht: Für einen Stein sind tausend Gulden genug, aber für einen Liechtenstein sind's zuwenig!«

Keineswegs in die Geschichte der Medizin ging hingegen jener Wiener Modearzt ein, der bei einer Premierenfeier der Burgschauspielerin Adele Sandrock vorgestellt wurde. Er war sehr von sich eingenommen und wußte durch lebhaftes Gestikulieren seinen riesigen Brillantring zur Geltung zu bringen.

»Wo haben Sie den her?« fragte die Schauspielerin.

»Von einer Patientin«, sagte der Modearzt kokett.

»Soso«, brummte die Sandrock. »Also geerbt!«


## Wenn Vegetarier ins Gras beißen

Bei einem anderen Festessen mußte die Sandrock erkennen, daß ihr Tischnachbar statt all der Köstlichkeiten, die da serviert wurden, nur große Mengen an Kartoffeln, Salaten, Gemüsen und Obst zu sich nahm.

»Schmeckt Ihnen Fleisch nicht?« fragte die Schauspielerin.

»Mir geht es um die Gesundheit und um ein langes Leben«, antwortete der Gesundheitsfanatiker. »Auf diese Weise möchte ich meinen Tod noch etwas hinausschieben.«

»Unbegreiflich«, knurrte Adele und ließ sich ein weiteres Schnitzel servieren, »für euch Vegetarier muß es doch ein Vergnügen sein, ins Gras zu beißen.«

# Freud zum Lachen

An einer Auslagenscheibe des Hauses *Burg*gasse Nr. 19 klebt seit Jahren schon ein Bildnis Sigmund Freuds. Und darunter steht: »In diesem Haus habe ich nicht gewohnt. Sondern in der *Berg*gasse 19.« Die Bewohner mußten sich offensichtlich mit dieser Maßnahme dagegen wehren, ständig von Touristen aus aller Herren Länder bestürmt zu werden, weil sich ihre Adresse nur durch einen Buchstaben von der weltberühmten unterscheidet. Als Post skriptum steht noch auf dem Plakat: »Es ist durchaus möglich, daß hier Patienten von mir wohnen.«

Freud hätte wohl darüber gelacht. Hat er sich doch mit dem Thema Humor eingehend befaßt. Er war der Meinung, daß hinter jeder Pointe ein Stück Unbewußtes steckt. Diesem Umstand widmete er das Buch *Der Witz*, das er mit vielen Beispielen garnierte.

Also erzählt Freud: Das Ehepaar X. lebt auf großem Fuße. Nach der Ansicht der einen soll der Mann viel verdient und sich dabei etwas zurückgelegt haben. Nach der Ansicht der anderen soll sich die Frau etwas zurückgelegt und dabei viel verdient haben.

Oder: Der Arzt geht vom Krankenbett der Frau weg und sagt kopfschüttelnd zu deren Mann: »Ihre Frau gefällt mir nicht.«

»Mir gefällt sie schon lange nicht«, beeilt sich dieser zuzustimmen.

In der Nähe eines Badehauses läßt der Vater der Psychoanalyse zwei Juden zusammentreffen. »Hast du genommen ein Bad?« fragt der eine.
»Wieso?« fragt der andere, »fehlt eins?«

Kein anderer Forscher nahm den Humor so ernst wie Freud: Der Witz, meint er, gibt uns – wie auch Träume und Versprecher – die Möglichkeit, Verbotenes auszusprechen, im Witz finde der Erwachsene »die natürliche Fortsetzung des kindlichen Spiels«.

## »Kein Massaker ohne Hacker«

Berühmt war er als Terror- und Aggressionsforscher, seine Freunde behalten Friedrich Hacker aber auch als unglaublich humorvollen Menschen in Erinnerung. Seinem »Wiener Schmäh'« entsprangen viele Freundschaften im Künstlermilieu, darunter mit Curd Jürgens, Oskar Werner, Ernst Haeusserman.
Den »Schmäh«, seine Liebe zum Fußball und zum Wienerlied, hatte er selbst im fernen Kalifornien nicht eingebüßt, wo er eine angesehene psychiatrische Klinik leitete.
In seiner Klinik in Los Angeles erhielt Hacker einen Anruf aus dem Weißen Haus. Am Apparat: Helene van Damm, die persönliche Sekretärin des damaligen US-Präsidenten Ronald Reagan. »Herr Professor«, sagte sie aufgeregt, »Sie müssen dem Präsidenten helfen. Er ist . . . äh, er ist plötzlich verrückt geworden.«

Hacker zeigte sich in dieser Situation, die eine Gefahr für die Nation, ja für die Welt bedeuten konnte, als verantwortungsvoller Arzt und bestieg den nächsten Jet nach Washington. Meldete sich im Weißen Haus bei Helene van Damm. Die sich sehr wunderte: »Ich habe Sie nicht angerufen.«
Des Rätsels Lösung: Der Anruf war mit verstellter Stimme von Dr. Hackers Freund Helmut Qualtinger – der solche Späße liebte – aus Wien gekommen.

Wo immer in der Welt Gewalt und Terror herrschten, wurde Hacker als Berater hingeholt. Zum Überfall im Münchner Olympiadorf ebenso wie nach dem Mord an der Schauspielerin Sharon Tate in Hollywood oder der Geiselnahme in einem Zug bei Marchegg. An die Mauer einer Wiener Stadtbahnstation waren die Worte gepinselt: »Kein Massaker ohne Hacker.«

Bei einem »Jahrhundertmatch« Rapid-Austria im Wiener Stadion verhielt sich der begeisterte »Austrianer« überaus einseitig. Er schimpfte bei Rapidfouls, hielt Austriafouls aber für »korrekt«. Bei so einer Gelegenheit schrie ihn ein »Rapidler« an: »Herr Professa, bei Ihnen is' ja sogar des Gras lila!«

Seine Wienerliedabende – meist beim *Oppolzer* in Grinzing – sind unvergessen. Ein deutscher Gast, der Hacker für einen professionellen Heurigensänger hielt, spendierte ihm ein Viertel Wein und sagte: »Mensch, jetzt sing' Se uns noch det Fiakerlied.«

## Professor Barnard stellt seine
## »Roß in' Stall«

Hacker war nicht der einzige bekannte Arzt, der sich für das Wienerlied begeistern konnte. Vom zweiten Interpreten unter den Medizinern hätte man diese Vorliebe wohl noch weniger erwartet: Während eines Wien-Aufenthalts besuchte der südafrikanische Herzchirurg Christian Barnard das Kaffeehaus des legendären Wienerliedsängers Schmid-Hansl in Währing. Kaum hatte der Hausherr die ersten Takte von *Stellt's meine Roß in' Stall* angestimmt, erhob auch der weltberühmte Mediziner die Stimme und und sang die schöne Schnulze samt *Nehmt's mir die Peitschen weg, stellt's mir's wo in a Eck, damit ich's nimmer schnalzen hör'* mit dem Schmid-Hansl im Duett zu Ende. Des Rätsels Lösung: In Professor Barnards Plattensammlung in Kapstadt befindet sich eine LP vom Schmid-Hansl und mit deren Hilfe hatte der Chirurg das Lied wortwörtlich einstudiert.

Die Ärzte sollen deutlicher schreiben«, meinte Roda Roda, als er von einer jungen Dame hörte, die sich nach dreiwöchigem Kuraufenthalt beim Chefarzt bedankte: »Die dreißig Minuten Tanz pro Tag haben mich vom Ischias völlig geheilt.«
»Tanz?« fragte der Arzt erstaunt. »Ich habe Ihnen doch *Fango* verschrieben.«
»Na sowas! Und ich hatte *Tango* gelesen.«

# »Um elf war's erst halb zehn«
## Dichter und ihre Freiheiten

*»Diese Satire wäre nicht so bissig geworden, wenn der
Dichter mehr zu beißen gehabt hätte.«*

HEINRICH HEINE

## »Die Würmer können nicht reden«

Von Johann Nestroy wissen wir, daß er im persönlichen Umgang alles andere als charmant war – besonders ekelhaft benahm sich der Dichter gegenüber Schauspielerinnen. Um die Qualitäten einer »jugendlichen Naiven« befragt, sagte er: »Das einzige, was ich an ihr hoch schätze, ist das Alter!«

Sein Leben lang fürchtete Nestroy sich davor, lebendig begraben zu werden. Also stand in seinem Testament: »Die Todtenbeschau heißt so viel wie gar nichts, und die medizinische Wissenschaft ist leider noch in einem Stadium, daß die Doctoren – selbst wenn sie einen umgebracht haben – nicht einmal gewiß wissen, ob er todt ist.« Nestroy starb am 25. Mai 1862. »Die Würmer können nicht reden«, hatte er einmal geschrieben, »sonst verrateten sie's vielleicht, wie gräßlich langweilig dem Todten das Todtsein vorkommt.«

# Herr von Goethe und der General

In seinen *Karlsbader Gesprächen* schildert Johann Wolfgang von Goethe die Begegnung mit einem österreichischen General, »etwa 78 bis 80 Jahre alt, aus einem sehr vornehmen Geschlechte«. Während eines Spaziergangs sprach der Offizier den auf Kur befindlichen Dichter an – und lud ihn nach Wien ein.

»Nicht wahr, Sie nennen sich Goethe?« eröffnete der alte General das Gespräch.

»Schon recht«, antwortete der Geheimrat.

»Nicht wahr, Sie haben Bücher geschrieben?«

»O ja.«

»Und Verse gemacht?«

»Auch.«

»Es soll schön sein.«

»Hm!«

»Haben Sie denn viel geschrieben?«

»Es mag so angehen.«

»Ist das Versemachen schwer?«

»So, so.«

»Es kommt wohl auf die Laune an: ob man gut gegessen und getrunken hat?«

»Es ist mir fast so vorgekommen.«

»Schaun S'! Da sollten S' nach Wien kommen.«

»Hab' auch schon daran gedacht.«

»In Wien wird gut gegessen und getrunken. Und man hält was auf Leute, die Verse machen können.«

»Hm!«

»Dergleichen Leute finden in den vornehmsten Häusern Aufnahme.«

»Hm.«

»Kommen S' nur; melden S' sich bei mir; ich habe Bekanntschaft, Verwandtschaft, Einfluß. Schreiben S' nur: ›Goethe aus Weimar, bekannt von Karlsbad her.‹ Das letzte ist notwendig zu meiner Erinnerung, weil ich viel im Kopf habe.«

»Werde nicht verfehlen.«

»Aber sagen S' mir doch, was haben S' g'schrieben?«

»Mancherlei von Adam bis Napoleon, vom Arat bis zum Blocksberg . . .«

»Es soll berühmt sein.«

»Hm! Leidlich!«

»Schade, daß ich nichts von Ihnen gelesen und auch nichts von Ihnen gehört habe. Sind schon neue, verbesserte Auflagen von Ihren Schriften erschienen?«

»O ja, wohl auch.«

»Und es werden auch noch mehr erscheinen?«

»Das wollen wir hoffen!«

»Schaun S', da kauf ich Ihre Werke nicht; sonst hat man immer den Ärger, ein schlechtes Buch zu besitzen, oder man muß dasselbe Buch zum zweiten Male kaufen. Darum warte ich, um sicher zu gehen, immer den Tod der Autoren ab, ehe ich ihre Werke kaufe. Das ist Grundsatz bei mir, und von diesem Grundsatz kann ich halt auch bei Ihnen nicht abgehen.«

Goethe hat die Einladung nicht angenommen. Er war nie in Wien.

# Schnitzler ist unbegabt

Arthur Schnitzler wurde lange verkannt. Da sein Vater auch Theaterarzt und mit vielen Schauspielern befreundet war, ließ dieser eines Tages den berühmten Burgschauspieler Adolf von Sonnenthal das Schauspiel *Liebelei* lesen. Der gab es ihm mit den Worten »Völlig unbegabt« zurück. Als wenige Wochen später eben dieses Stück vom Burgtheater angenommen wurde, fragte man »Burg«-Direktor Max Burckhard, wie Sonnenthal darauf reagieren werde. »Da ich ihm die Hauptrolle gebe«, antwortete der Direktor, »wird er im Brustton der Überzeugung tremolieren: ›Ich habe ja immer gesagt – Arthur ist ein Genie!‹«
So war's dann auch.

Welches Risiko das Burgtheater seinerzeit einging, Schnitzler aufzuführen, belegt der Ausspruch einer Dame der Gesellschaft, die ihrer Tochter eingeschärft hatte: »Wenn ein Mädchen bei einem Schnitzler-Stück gesehen wird, bekommt es keinen Mann.«

# Eine Ohrfeige für Karl Kraus

Einige der großen Schriftsteller unseres Jahrhunderts saßen im Kaffeehaus und dichteten, hört und liest man immer wieder. Also werden sie »Kaffeehausliteraten« genannt. Die Geschichte freilich entspricht nur bedingt der Wahrheit. Die »Kaffeehausliteraten« schrieben ihre Werke nämlich meist zu Hause.

Ausnahmen waren nur Karl Kraus und Peter Altenberg, die an den runden Marmortischen des *Griensteidl* und des *Central* tatsächlich Literatur schufen. Alle anderen kamen ins Kaffeehaus, um Kaffee zu trinken, Ideen zu sammeln, Freunde zu treffen.

Und Feinde. Auf diesem Gebiet war Karl Kraus der ungekrönte König. In seinem Feuilleton *Die demolirte Literatur*, das der erst 23jährige verfaßte, als das Café *Griensteidl* 1897 für immer gesperrt werden sollte, rechnete er mit der gesamten literarischen Szene Wiens ab: Er attackierte Hermann Bahr und Hugo von Hofmannsthal, von dem er behauptete, er hätte schon als Gymnasiast seine »letzten Worte« einstudiert. In Arthur Schnitzler sah er den »Dichter, der das Vorstadtmädl burgtheaterfähig machte«. Und Felix Salten warf er vor, die deutsche Grammatik nicht zu beherrschen. Dafür erhielt Kraus von Salten anderntags im Kaffeehaus eine schallende Ohrfeige, »was allseits freudig begrüßt wurde«, notierte Schnitzler in sein Tagebuch.

Das Wort war Kraus heilig. »Was fehlt«, sagte er, »sind Strafbestimmungen gegen die öffentliche Unzucht, die mit der deutschen Sprache getrieben wird.« Gegen eine Zeitung, die einen Beistrich in einem von ihm verfaßten Artikel falsch gesetzt hatte, führte er einen Prozeß.

Als Polgar 1936 eine Abendgesellschaft relativ früh verlassen wollte, fragte Friedell: »Polgar, was ist, du gehst so zeitlich?«

Polgar erwiderte: »Wie kannst du zeitlich sagen?«

Worauf Friedell meinte: »Jetzt, wo der Kraus tot ist!«

# Heiratsantrag nach fünf Minuten

In einem anderen Literatencafé wurde einer der seltsamsten Heiratsanträge aller Zeiten ausgesprochen. Peter Altenberg, Egon Friedell und Adolf Loos saßen 1902 im *Löwenbräu* hinterm Burgtheater, als sie an einem benachbarten Tisch eine achtzehnjährige Schauspielerin sahen, die auf den schönen Namen Lina Obertimpfler hörte (daß das kein Künstlername war, scheint glaubwürdig). Die drei Freunde waren von dem bildhübschen Mädchen begeistert und baten es an ihren Tisch. Architekt Loos zeigte eine wunderschöne Zigarettendose, die Lina zu öffnen versuchte, wobei der Deckel brach. Erschrocken fragte sie: »Wie kann ich das wieder gutmachen?«

Loos sah sie lächelnd an und sagte: »Heiraten Sie mich!«

Glaubten die Umsitzenden vorerst an einen Scherz, so traten die beiden sehr bald tatsächlich vor den Standesbeamten. Der Heiratsantrag war fünf Minuten nach dem Kennenlernen erfolgt.

Leider ohne Happy-End. Drei Jahre nach der Hochzeit ging die Ehe wieder in die Brüche.

Peter Altenberg, der nie eine eigene Wohnung besaß, sondern immer nur im Hotel wohnte, galt zur Jahrhundertwende – zu einer Zeit also, da das noch gar nicht modern war – als Gesundheitsapostel. Er lebte nach strengen Diätvorschriften und behauptete, sogar in der kältesten Nacht des Jahres bei offenem Fenster zu schlafen. Einmal sagte ein Freund im Café *Central* zu ihm: »Peter, ich bin gestern nacht am *Grabenhotel* vorbeigegangen, aber dein Zimmerfenster war fest verschlossen.«

»Na und«, erwiderte Altenberg, »war gestern die kälteste Nacht des Jahres?«

Unvergleichlich pointiert waren die von Alfred Polgar verfaßten Theaterkritiken. Die Besprechung eines ebenso langen wie langweiligen Stücks ließ er in dem Satz gipfeln: »Als ich um elf auf die Uhr sah, war es erst halb zehn.«

## Das andere Götz-Zitat

Roda Roda verfaßte eine Geschichte über einen Portier namens Schleimgruber, der in der griechischen Gesandtschaft zu Wien beschäftigt gewesen war. Als dieser Vaterfreuden entgegensah, bat er den Gesandten, als Pate zu fungieren. Ausgerechnet am Tag der Taufe, noch ehe der Diplomat ein Geschenk hatte besorgen können, wurde er aus Wien abberufen. »A so a Pech«, ärgerte sich der Portier, »jetzt haßt der Bua fürs ganze Leben Archilochos, und i hab' an Dreck davon.«

Roda über den Unterschied zwischen Wienern und Berlinern: »Wann in Berlin a Künstler verhungert, kümmert sich ka Mensch um eahm. In Wien stengan Hunderte um eahm herum und sagen einmütig: es müsset eigentlich was für ihn g'schehn.«

Als Roda Roda einmal vor Gericht stand, drohte er seinem Gegner »mit dem berühmten Zitat des Götz von Berlichingen ...« Der Richter war empört und wollte ihn wegen Ehrenbeleidigung klagen. Doch Roda vollendete: » ... das berühmte Zitat aus dem *Götz von Berlichingen*: ›Wo viel Licht ist, ist starker Schatten.‹ Ein Sachverständiger für Literatur wurde gerufen, der bestätigte, daß die zitierten Worte wirklich im *Götz* stehen.

## Alma Mahler-Werfel im Himmel

Einige der Großen haben von sich behauptet, daß ohne ihre Muse – sei es Ehefrau oder Geliebte – manch bedeutendes Werk nicht entstanden wäre. Als »Weltmeisterin« unter den Musen kann man wohl Alma Mahler-Werfel bezeichnen, die mit Gustav Mahler, einem der größten Musiker, Franz Werfel, einem der größten Schriftsteller, und Walter Gropius, einem der größten Architekten des Jahrhunderts, verheiratet war. Zu ihren Liebhabern zählte darüber hinaus auch Oskar Kokoschka, einer der größten Maler des Jahrhunderts. Eines Tages traf sie mit Gerhart Hauptmann, einem weiteren der ganz Berühmten des Jahrhunderts, und dessen Frau zusammen. Zu später Stunde griff der betagte Dichter nach Almas Hand und seufzte: »Alma, wenigstens im Jenseits müssen wir ein Paar werden. Dafür melde ich mich jetzt schon an.«
»Aber Gerhart«, unterbrach Frau Hauptmann, »ich bin

überzeugt, daß Frau Alma auch im Himmel schon gebucht ist.«

Alma Mahler-Werfel galt in all ihren Verbindungen als ziemlicher Haustyrann, der sich überall einzumischen pflegte. Als Franz Werfel einmal über seine politische Einstellung befragt wurde, rief er ins Nebenzimmer: »Alma, Liebling, komm bitte herüber, hier will jemand meine Meinung wissen!«

## Salami-Literatur

Obwohl Karl Schönherrs Drama *Erde* heute zu den Klassikern naturalistischer Dichtkunst zählt, wollte es seinerzeit kein Theater aufführen. Schließlich hegte Schönherr den Verdacht, daß sein Werk von den Dramaturgen der Bühnen, denen er es zur Ansicht geschickt hatte, gar nicht gelesen würde. Und so packte er eines Tages eine Stange Salami in einen mit seinem Namen versehenen Karton und schickte sie an ein Theater. Etwas später wurde ihm das Päckchen ungeöffnet retourniert. Mit getrennter Post kam dann auch ein Brief: »Mit großem Interesse haben wir Ihr Stück gelesen, bedauern jedoch, Ihnen mitteilen zu müssen, daß es leider nicht in unseren Spielplan paßt.«

Stefan Zweig unterhielt sich, als er gerade an seiner Marie Antoinette-Biografie schrieb, mit seinem Kollegen Carl Zuckmayer. Jemand wollte nach dem Treffen von Zuckmayer wissen, was Zweig denn so erzählt habe. »Nichts Besonderes«, antwortete »Zuck«, »nur den neuesten Tratsch aus der französischen Revolution.«

## Karl Mays letzter Auftritt in Wien

Es ist kaum bekannt, daß Karl May, der Vater *Winnetous* und *Old Shatterhands*, an den Folgen einer Verkühlung starb, die er sich in Wien zugezogen hatte. Der 22. März 1912 war kalt und verregnet. Karl May hielt sich in Wien auf, um auf Einladung des *Akademischen Verbandes für Literatur und Musik* einen Vortrag mit dem eher besorgniserregenden Titel *Empor ins Reich der Edelmenschen* zu halten. Ort des Vortrags über die Helden seiner Bücher war der *Sofiensaal* in der Krugerstraße – nicht zu verwechseln mit den *Sophiensälen* im dritten Bezirk.

Unter den Zuhörern im übervollen Auditorium befanden sich zwei so unterschiedliche Persönlichkeiten wie die Friedensnobelpreisträgerin Bertha von Suttner, die Karl May wegen seiner Schriften für den Weltfrieden schätzte. Und der arbeitslose Maler Adolf Hitler, dessen Lieblingsschriftsteller May war.

Die ersten literarischen Erfolge hatte der Autor einem Aufenthalt im Gefängnis zu verdanken. Der als Sohn eines Webers geborene Karl May war als Kleinkind erblindet und konnte erst als Fünfjähriger sehen. Als junger Volksschullehrer beschuldigte man ihn, die Uhr eines Kollegen gestohlen zu haben. Als ihm deswegen die Lehrbefugnis entzogen wurde, geriet er tatsächlich auf die schiefe Bahn, man suchte ihn per Steckbrief als Pferdedieb, Betrüger und Hochstapler. Als er geschnappt wurde, mußte Karl May für acht Jahre ins Zuchthaus.

Dort begann er seine Abenteuerromane über die Indianer Nordamerikas und die Bewohner des Vorderen Orients zu schreiben, ohne je in diesen Regionen gewesen zu sein. Nach seinem Gefängnisaufenthalt führte er, obwohl er mit seinen Büchern viel verdiente, ein eher kleinbürgerliches Leben und holte die Reisen an die Schauplätze seiner Werke nach, die er in der Jugend versäumt hatte.

In seinem letzten Lebensjahr kam er mehrmals nach Österreich, zuletzt zum Vortrag im *Sofiensaal.* Von hier reiste der Siebzigjährige heim nach Radebeul bei Dresden, wo er der Lungenentzündung erlag, die er sich aufgrund seiner Verkühlung in Wien zugezogen hatte. Seine letzten Worte waren »Großer Sieg! Ich sehe alles rosenrot!«

Bertha von Suttner, die ihn acht Tage davor noch in Wien erlebt hatte, schrieb in ihrem Nachruf: »Wer den schönen, alten Mann sprechen gehört, durch ganze zwei Stunden, weihevoll, begeisterungsvoll, der mußte das Gefühl haben: In dieser Seele lodert das Feuer der Güte.«

# »Lieber wär' mir, du tät'st wie der Goethe schreiben«

Lernet Deutsch! Lernet Englisch! Lernet Holenia! Die Scherze, die mit seinem Namen getrieben wurden, sind so legendär wie der Dichter selbst. Alexander von Lernet-Holenia zählte zu den letzten Poeten von altösterreichischem Format. Das 1897 in Wien geborene Original war bis zu seinem Tod im Jahre 1976 überzeugt davon, ein leiblicher Sproß des Erzherzogs Karl-Stephan von Habsburg-Lothringen zu sein. Wie der Schriftsteller darauf kam, weiß kein Mensch, aber immerhin stellte ihm die Republik Österreich in der Wiener Hofburg ein repräsentatives Appartement zur Verfügung, das einst Kronprinz Rudolf bewohnt hatte.

Mit sciner an Rilke angelehnten Lyrik blieb Lernet-Holenia vorerst relativ erfolglos, die breite Öffentlichkeit wurde erst später, durch die 1927 uraufgeführte Verwechslungskomödie *Olla potrida* auf ihn aufmerksam. Auch seine Mutter, die in Graz lebte, erfuhr erst zu diesem Zeitpunkt, daß ihr Sohn unter die Schriftsteller gegangen war.

Sie las daraufhin einen seiner Gedichtbände, und als Alexander sie etwas später besuchte, fragte er, wie ihr die Verse gefielen.

»Nun, ja«, antwortete die Frau Mama, »lieber wär' mir, du tät'st wie der Goethe schreiben!«

# Lernet-Holenia im Kleinen Bezirksgericht

Lernet-Holenias Zornesausbrüche sorgten immer wieder für Schlagzeilen. Die berühmteste Affäre betraf einen Autofahrer, der sich vor der Garageneinfahrt von Lernet-Holenias Sommerhaus am Wolfgangsee eingeparkt hatte. Der Dichter ging auf den Unglücklichen zu und verpaßte ihm eine schallende Ohrfeige, was natürlich ein gerichtliches Nachspiel zur Folge hatte: Lernet-Holenia wurde zur Zahlung einer Geldstrafe in Höhe von eintausend Schilling verurteilt. »Vom Lernet-Holenia«, munkelte man damals, »liest man im Kleinen Bezirksgericht mehr als auf der Literaturseite!«

Als besonders volksverbunden galt der Dichter Franz Nabl. Als ihm eine etwa gleichalte Frau mit den Worten »Ich glaub', uns beide hat der Tod vergessen«, zum neunzigsten Geburtstag gratulierte, legte Nabl lächelnd den Zeigefinger an die Lippen, machte »Pssst« und sagte dann: »Damit er's nicht hört.«

Im darauffolgenden Jahr hat »er's« dann offensichtlich doch »gehört«, Franz Nabl lag sterbend im Krankenhaus. Und wurde dort gefragt: »Wie geht es?«
Worauf er korrigierend antwortete: »Nicht es geht – ich gehe!«

Heimito von Doderer wurde von einem jungen Schriftsteller belagert, der mit ebenso viel Ausdauer wie Talentlosigkeit tätig war. Eines Abends saß er bleich, mit rot geränderten Augen, an Doderers Stammtisch.

»Was ist los?« fragte der große Dramatiker, »sind Sie krank?«

»Ich habe in den letzten Wochen bis in die Nacht hinein geschrieben«, sagte der Möchtegern-Schriftsteller, »und konnte nachher nicht einschlafen.«

»Ja, warum«, erwiderte Doderer spitz, »warum haben Sie das Geschriebene nicht noch einmal durchgelesen?«


## Die Sind-Sie-Net-Die-Street

Den Eltern des 1938 aus Wien emigrierten Schriftstellers Frederic Morton, dessen Rothschild-Biografie lange Zeit die Bestsellerlisten der USA anführte, wurde 1994 die Gnade zuteil, ihren siebzigsten Hochzeitstag begehen zu dürfen. Vater Morton war 96, seine Gattin 92 Jahre alt. In ihrer Wahlheimat Miami wurde aus Anlaß des seltenen Festtages eine kleine Feier zelebriert. Der alte Herr erhob sich an seinem siebzigsten Hochzeitstag und sprach die Worte: »Also, wenn ich gewußt hätte, wie lang unsere Ehe dauern wird, hätte ich mir das damals genauer überlegt!«

Morton, der in den USA zu den führenden Essayisten, Kolumnisten und Novellisten zählt, vertraute mir auch an, warum die von Wiener Emigranten besonders bevölkerte 72. Straße New Yorks im Volksmund gerne *Cincinnati-Street* genannt wurde: »Wann immer man hier jemanden traf, wurde man gefragt: Sind Sie net die ... ?«

Friedrich Torberg fuhr einmal mit dem Karikaturisten Rudolf »Rang« Angerer im Wagen durch Wien. Irgendwo in Währing stand die Ampel auf Rot. Der Schriftsteller schaute zum Fenster hinaus und entdeckte das Portal einer Süßwarenhandlung mit der Aufschrift *Zuckerl-Mayer*. Worauf Torberg trocken sagte: »Das ist der, der *Des Teuferls General* geschrieben hat!«

Trifft ein Dichter einen Kritiker: »Herr Doktor, begleiten Sie mich ein Stück!«
Entgegnet der Kritiker: »Gern, aber es darf nicht von Ihnen sein!«

# Wo Kaiser unter ihresgleichen sind

## Und andere Geschichten aus dem Hause Habsburg

*»Es ist ein historischer Fehler, daß die Österreicher nicht ein Backhendl im Wappen haben.«*

HEINRICH LAUBE

# Zu zweit allein sein

Wie streng das bis zum Ende der österreichisch-ungarischen Monarchie geltende Spanische Hofzeremoniell in seinem Ursprungsland gehandhabt wurde, zeigt die folgende Episode: Als die im 15. Jahrhundert regierende spanische Königin Isabella I. vom Pferd glitt, blieb sie mit einem Fuß im Steigbügel hängen und wurde von dem weitertrabenden Tier mitgeschleift. Der Erste Stallmeister, der als einziger das Recht hatte, den königlichen Fuß zu berühren, war nicht zugegen, weshalb keiner der 43 anwesenden Aristokraten es wagte, der Königin zu helfen. Endlich befreite ein hoffremder Herr die Monarchin aus ihrer mißlichen Lage. Die humane Aktion zerstörte sein Leben: Weil er die Königin unerlaubterweise berührt hatte, wurde der Kavalier mit lebenslanger Verbannung aus Spanien belegt.

Maria Theresia lenkte das Reich neben ihrem großen, aus bis zu sechzehn Kindern bestehenden Haushalt und fand daher für philosophische Diskussionen kaum Zeit. Als ihr einmal ein gelehrter Herr erklärte, das einzig Richtige sei es, in vollkommener Einsamkeit zu leben, da man sich nur in diesem Zustand sammeln und konzentrieren könne, meinte die Kaiserin: »Sie mögen ja recht haben, mein lieber Professor, Einsamkeit ist gewiß etwas Schönes. Allerdings macht's erst den rechten Spaß, wenn man jemanden hat, dem man diese kluge Erkenntnis auch mitteilen kann!«

## Maria Theresias Radiergummi

In Fragen der Religion und der Sittlichkeit kannte sie keinen Spaß. Und so sagte Maria Theresia zum Botschafter des Sultans von Konstantinopel, daß die Beziehungen zwischen Österreich und dem osmanischen Reich wesentlich besser wären, wenn dort endlich die Vielweiberei abgeschafft würde. Der schlaue Orientale verneigte sich tief und erwiderte: »Unsere Religion erlaubt es uns, mehrere Frauen zu besitzen. Der Grund liegt einzig darin, daß wir in den vielen Frauen alle jene guten Eigenschaften suchen, die in der Person Eurer Majestät vereint sind.«

Eine Schauspielerin, der man zahlreiche Affären nachsagte, trat in einer Hosenrolle auf. Nach der Vorstellung meinte sie stolz: »Ich war so überzeugend, daß mich das halbe Theater tatsächlich für einen Mann hielt.« Als der Kaiserin diese Bemerkung hinterbracht wurde, sagte sie trocken: »Dafür weiß die andere Hälfte der Besucher definitiv, daß sie kein Mann ist!«

Eine hochgeborene Hofdame führte eine nicht ganz einwandfreie Ehe, worüber sich Maria Theresia derart empörte, daß sie auf der sogenannten Hofrangliste

neben den Namen der Prinzessin eine tadelnde Bemerkung setzte. Als deren Verwandtschaft gegen die Herabsetzung intervenierte, zeigte Maria Theresia Milde. Nicht ohne hinzuzufügen: »Meinetwegen, streich' ich die Sache weg. Aber ich will es so machen, daß man gleich merkt, daß hier radiert wurde.«

# Der Kaiser im Kaffeehaus

Josef II. war bekannt dafür, daß er sich gerne »unters Volk« mischte. Zu seiner Zeit war das noch möglich, ohne erkannt zu werden, und nur so konnte passieren, was dem Kaiser widerfuhr: Der Monarch ging, während die ihn begleitenden Pferde an einer Tränke versorgt wurden, in Bologna in ein Kaffeehaus, wo er mit einem ebenfalls durchreisenden Offizier des Papstes ins Gespräch kam. Als ihm der Fremde anvertraute, er wollte seit langem schon den Dienst quittieren, weil er vom Vatikan so schlecht bezahlt würde, meinte Josef: »Warum treten Sie nicht in andere Dienste ein, zum Beispiel in den italienischen Gebieten des Kaisers von Österreich?«

»An wen sollte ich mich denn dort wenden?« fragte der Offizier, »Sie glauben doch nicht, daß die hohen Herren für unsereins zu sprechen sind.«

»Wenn's weiter nichts ist«, sagte der Monarch, »ich gelte was beim Kaiser, ich will Sie empfehlen.«

Der päpstliche Offizier lachte über den jungen Mann, den er bestenfalls für einen Leutnant hielt. Dennoch blieb er höflich und bedankte sich.

»Um Ihnen zu beweisen, daß ich nicht mehr verspreche, als ich halten kann«, fuhr Josef fort, »will ich Ihnen einen Brief geben, der an eine hohe Standesperson gerichtet ist, die in wenigen Stunden hier durchkommen wird.« Der Kaiser schrieb den Brief und versiegelte ihn, adressiert an den Grafen Dietrichstein, seinen eigenen Oberstallmeister.

Stunden später sprach der Fremde beim Grafen Diet-

richstein vor, übergab den Brief und versank fast im Erdboden, als der ihm sagte: »Mein Herr, ich gratuliere, Sie haben den Kaiser selbst gesprochen. Er befiehlt mir, Ihnen vierhundert Zechinen zu geben, damit Sie sich zu dem Regiment verfügen, in dem er Ihnen eine Kompanie anvertraut.«
Der Offizier erhielt eine hohe und wesentlich besser bezahlte Stellung.

## »So seid Ihr der Kaiser!«

Ein andermal begegnete Josef II. in Wien einem alten Offizier. »Wohin des Weges?« fragte der Kaiser.
»Zu einem Kameraden«, antwortete der Militär.
»Was wird es geben«, forschte der bekannt neugierige Monarch, »wahrscheinlich Kaffee?«
»Besser, besser!«
»Brot und Wurst?«
»Mehr!«
»Wein?«
»Besser!«
»Ein Spanferkel gar?«
»Getroffen!«
Nun war der alte Offizier daran, den wesentlich jüngeren zu fragen: »Sind Sie auch Militär?«
»Ja«, sagte der Kaiser.
»Leutnant vielleicht?«
»Besser, besser!«
»Hauptmann?«

»Mehr!«

Der Offizier fragte sich hinauf zum Major, Oberst, General, Feldmarschall und bekam immer wieder zur Antwort: »Mehr!«

Bis dem alten Mann nichts anderes übrigblieb, als zu sagen: »So seid Ihr der Kaiser!«

»Getroffen«, lachte Josef, und die beiden Männer trennten sich, sehr zufrieden, voneinander.

Nicht Goethe war es, der das Götz-Zitat »erfand«, sondern unser guter Kaiser Josef. Jedenfalls wird es aus dem Mund des siebenjährigen Erzherzogs zum ersten Mal überliefert. Als man Maria Theresias ältesten Sohn nach den Qualitäten seines Erziehers Graf Batthyany fragte, da antwortete er: »Ich habe von ihm nichts anderes gelernt als zu sagen: Leck mich am Arsch!«

Und das war exakt 24 Jahre, bevor Goethe seinen *Götz* schrieb.

Kaiser Josef kam den Wienern näher als irgendein anderer Monarch. Er öffnete Prater und Augarten für die »kleinen Leute«, die von einem Tag zum anderen die Pracht dieser bis dahin nur Aristokraten zugänglichen Parkanlagen kennenlernen durften. Dem Adel war das gar nicht recht. Beschwerte sich ein nobler Herr beim Kaiser: »Jetzt gibt es in Wien gar keinen Ort mehr, wo man unter seinesgleichen ist.«

»Ach ja«, stöhnte Josef, »das Problem kenne ich. Wenn ich immer nur unter meinesgleichen sein wollte, müßte ich in die Kapuzinergruft hinuntersteigen!«

# Ein Rindviech in der Hofburg

Während einer Audienz, die Kaiser Josefs Neffe, Franz I., in den zwanziger Jahren des vorigen Jahrhunderts dem mächtigen Staatskanzler Clemens Fürst Metternich gewährte, sprach man über Probleme der Monarchie, diskutierte dieses und jenes, als plötzlich die heilige Ruhe des inneren Burghofs von einem gewaltigen Wirbel durchbrochen wurde. Bäuerliches Schreien war zu hören und lautes Peitschenknallen. Monarch und Kanzler begaben sich zu einem Fenster der kaiserlichen Gemächer und beobachteten, wie ein wildgewordener Ochs, der sich eben vom Wagen seines Besitzers losgerissen hatte, kreuz und quer über den sonst so friedlichen Burghof stürmte.

Kaiser Franz drehte sich zu Metternich um, verzog sein Gesicht zu einem spöttischen Lächeln und sagte: »Das ist das erste Rindviech, das ohne Protektion zu uns hereingekommen ist!«

Recht typisch für den bürokratischen Monarchen ist die folgende Episode: Als sein Finanzminister Graf O'Donell starb, weilte Kaiser Franz zufällig in Prag, wo er sich nun auf die Suche nach einem Nachfolger für dieses schwierige Amt begab. Er befal den Verwalter des Hradschin, Josef Graf Wallis, der den Titel Oberstburggraf trug, zu sich und sagte ihm: »Ich will Sie, lieber Graf, für Ihre treuen Dienste belohnen. O'Donell ist tot, Sie sollen sein Nachfolger werden.«

»Ich bitte Eure Majestät«, meinte der Verwalter, »allergnädigst bedenken zu wollen, daß ich vom Finanzwesen nichts verstehe und mich auch darum nie gekümmert habe.«

»Das macht gar nichts«, entgegnete der Kaiser, »genau solche Leute brauche ich. Sie waren ein treuer Burggraf und werden ein nicht minder treuer Finanzminister sein.«

Es folgte, was zu erwarten war: der Staatsbankrott.


## »Kaiser werden gestürzt, aber die Hofräte bleiben!«

Sein Sohn Ferdinand I. übernahm somit 1835 ein schweres Erbe. Er wurde »der Gütige« genannt, was eher geschmeichelt war, hielten sich doch die geistigen Fähigkeiten des unmittelbaren Amtsvorgängers Kaiser Franz Josephs in Grenzen. Bei einem Hauskonzert in der Hofburg zeigte der damals berühmte Pianist Thalberg seine Meisterschaft. Der Kaiser war hingerissen, Thalberg wurde zu unzähligen Draufgaben animiert, bis er schwitzend und ermattet abbrechen mußte. »Mein lieber Thalberg«, bedankte sich Ferdinand, »bei mir haben schon viele Künstler gespielt, aber so wie Sie ...«

»Majestät«, neigte der Meister in tiefer Dankbarkeit beschämt sein Haupt –

» ...aber so wie Sie hat noch keiner geschwitzt«, beendete der Kaiser seine »Anerkennung«.

**1848**, im Jahr der Revolution, mußte nicht nur Kaiser Ferdinand zurücktreten, sondern auch der Fürst Metternich. »Was soll denn aus uns werden, wenn Durchlaucht uns verlassen?« wurde der abtretende Staatskanzler von einem besorgten Beamten gefragt. »Beruhigen Sie sich, lieber Hofrat«, meinte Metternich, »Kaiser werden in Österreich gestürzt, Regierungen kommen und gehen – aber die Hofräte, die bleiben!«

Ein etwas debiler Erzherzog wurde zur Adlerjagd nach Bosnien eingeladen. Endlich gelang es ihm, ein Tier zu treffen, es flatterte zu Boden, und der Erzherzog beugte sich über den leblosen Körper.
»Aber das ist doch kein Adler«, zeigte sich der Erzherzog enttäuscht, »der hat ja nur *einen* Kopf.«


## »Meine Völker vor den Politikern schützen«


Was war es, das Kaiser Franz Joseph weit über seine Epoche hinaus in den Herzen vieler Österreicher lebendig bleiben ließ, obwohl sein staatsmännisches Handeln nicht immer von Glück verfolgt war?
Er verkörperte wohl eine einmalige Mischung aus imperialem Glanz und Volkstümlichkeit, in ihm vereinten sich Integrität und Menschlichkeit.
Zur Legende wurde er aber auch, weil er 68 Jahre lang regierte (nur Frankreichs *Sonnenkönig* Ludwig XIV. herrschte mit 72 Regierungsjahren noch länger). In sei-

nem hohen Alter waren Staat und Kaiser ident geworden, die Bewohner der Monarchie hatten sein Bild in der Schule kennengelernt, sie wurden damit erwachsen, und als sie starben, war er immer noch »da«. Franz Joseph erlebte in seiner Regentschaft drei deutsche Kaiser, vier russische Zaren, zwölf französische Staatsoberhäupter und achtzehn amerikanische Präsidenten. Die Liebe seiner Untertanen mußte aber mühsam erworben werden. Der junge Kaiser (*Fratz* Joseph nannte man ihn anfangs) war alles andere als beliebt, zumal er 1848 die blutige Niederschlagung der Revolution zugelassen hatte. Durch die vielen Schicksalsschläge, die er erleiden mußte, gewann er aber schließlich Mitleid und dann auch die Zuneigung seiner Völker. Erstmals nach einem relativ leicht verletzt überstandenen Mordanschlag, der 1853 beim Kärntnertor auf den Kaiser verübt wurde.

Ob der Monarch Humor hatte, ist nicht nachweisbar, der eine oder andere Ausspruch belegt aber einen gewissen Wortwitz. So sagte er zum amerikanischen Präsidenten Theodore Roosevelt: »Der Sinn meines Amtes ist es, meine Völker vor ihren Politikern zu schützen.«

Da sein jüngerer Bruder Ludwig Viktor dem eigenen Geschlecht zugetan war, schickte ihn der Kaiser nach Schloß Kleßheim ins Salzburger Exil. Als von dort Nachrichten über Affären des Erzherzogs mit ihm nahestehenden Offizieren nach Wien drangen, meinte der Kaiser: »Man müßte ihm als Adjutanten eine Ballerina geben, dann könnt' nix passieren.«

Von Musik verstand Franz Joseph nichts. »Die Kaiserhymne«, sagte er einmal, »erkenne ich daran, daß sich alles von den Sitzen erhebt.«

## Der falsche Kaiserschmarrn

Gegen Ende des vorigen Jahrhunderts kreierte Franz Josephs Leibkoch in Bad Ischl eine Süßspeise, die heute noch zu den beliebtesten im Land zählt, den *Kaiserschmarrn*. Und der war so zustande gekommen: da Kaiserin Elisabeth in ihren späten Jahren schlechte Zähne hatte, trug man dem kaiserlichen Küchenchef auf, eine für »Sisis« Gaumen geeignete, ebenso schmackhafte wie flaumige Teigware zu kreieren. Der Erfolg blieb aus: der Kaiserin Elisabeth wollte der Schmarrn nicht munden.

Etwas später wurde die Mehlspeis' freilich Seiner Majestät serviert. Und Franz Joseph war, sämtlichen Überlieferungen zufolge, sehr angetan von jenem Gemisch aus Eiern, Mehl, Milch, Obers und Zucker. Nach Verkostung einer mit Rosinen und »Zwetschkenröster« angereicherten Portion fragte der Kaiser den untertänigst herbeigeeilten Leibkoch, wie denn das köstliche Gericht heiße. Und dieser antwortete korrekt: »*Kaser*schmarrn!«

»Das ist aber sehr nett«, bedankte sich die schon etwas schwerhörige Majestät, »daß Sie diese Mehlspeise nach mir benannt haben.« Und der Kaiser untermauerte das allerhöchste Wohlwollen durch eine huldvolle Handbewegung.

Der Koch freilich wagte nicht, seinem Herrn zu widersprechen. Denn der von ihm in der Küche der Kaiservilla erdachte Name hatte nicht *Kaiser*schmarrn gelautet. Sondern *Kaser*schmarrn. *Kaser* wie *Kas, Käse* – wie ein in der *Kaserei* hergestelltes Molkereiprodukt eben.

Zumal nun der Kaiser *Kaiser*schmarrn verstanden hatte, konnte der von ihm mit Befriedigung aufgenommene Ausdruck auch nicht mehr geändert werden. Und so heißt der *Kaser*schmarrn heute noch *Kaiser*schmarrn.

## »Meine Lipizzaner sind mir lieber«

Als Englands König Edward VII. am 12. August 1908 in Bad Ischl weilte, schlug er dem Kaiser eine kleine Spazierfahrt durch das Salzkammergut vor. Franz Joseph konnte freilich nicht ahnen, daß daraus die erste Automobiltour seines Lebens werden sollte. Als die beiden Monarchen aus dem Hotel *Kaiserin Elisabeth* traten, stand davor anstelle eines Pferdewagens, wie der Kaiser es gewohnt war, das Auto des Briten, der Franz Joseph mit listigem Schmunzeln einlud, darin Platz zu nehmen. Bei dem Wagen handelte es sich um ein 50 PS starkes Modell der Marke *Züst*. Der Kaiser nahm Eduard diese Freiheit noch lange übel, mußte aber einsteigen, da viele Schaulustige Zeugen der kleinen Szene waren.

Später über die Eindrücke der für ihn so ungewöhnlichen Reise befragt, antwortete Franz Joseph: »Die Automobilfahrt war ganz angenehm, aber meine Lipizzaner sind mir lieber.«

77

Nachdem der achtzigjährige Kaiser, der mit Hans Makarts Kolossalgemälden aufgewachsen war, eine Ausstellung der jungen Wiener Secessionisten eröffnet hatte, meinte er: »Eigentlich hab ich's mir ärger vorgestellt.«

Obwohl er sein Alter in großer Frische erleben durfte, erhielt der Kaiser – in Anbetracht der Bedeutung seines Gesundheitszustandes für die ganze Monarchie – täglich den Besuch seines Leibarztes Dr. Josef Kerzl. Die beiden Herren unterhielten sich stets in angeregter Atmosphäre, wobei der Hofarzt den Monarchen ganz nebenbei nach dem jeweiligen Befinden zu fragen pflegte.
Als Dr. Kerzl eines Morgens wie immer zum Kaiser wollte, wurde er vom Kammerdiener Eugen Ketterl mit den Worten zurückgehalten: »Majestät bedauern lebhaft, Herrn Doktor heute nicht empfangen zu können, Majestät fühlen sich nämlich nicht ganz wohl und bitten daher, erst morgen wieder zu ihm zu kommen!«

## Als der Kaiser »stempeln ging«

Kaiser Franz Joseph wurde unzählige Male in Filmen und Theaterstücken dargestellt, wobei uns vor allem zwei Schauspieler in Erinnerung sind, die die erhabene Erscheinung des Monarchen am besten trafen: Fred Liewehr und Paul Hörbiger. Letzterer war übrigens erst fünfunddreißig, als er den Achtzigjährigen erstmals spielte.

Dabei hätte sein Engagement als Kaiser in der Berliner Uraufführung des Singspiels *Im Weißen Rößl* 1930 beinahe zum Eklat geführt. Hörbiger sollte einen etwas senilen Franz Joseph spielen, worauf er den Regisseur Eric Charell aufforderte, sich einen anderen Darsteller zu suchen, »der den Kaiser als alten Trottel spielt, wie es im Buch gefordert wird. Ich habe unter ihm gedient und trage seine Auszeichnungen, ich mach' das nicht.«

Der Text wurde geändert, wodurch die Uraufführung gerettet war. Doch mit der historischen Wahrheit nahm man's auch sonst nicht sehr genau. Im Premierentaumel war niemandem aufgefallen, daß das Liebespaar in modernen Kostümen der »verrückten zwanziger Jahre« über die Bühne fegte, obwohl der danebenstehende »Kurgast« Franz Joseph bereits 1916 verstorben war. Und zum Fünfuhrtee spielte man Charleston!

Nicht immer waren es große Darsteller, die den Kaiser spielten. In einem Mayerling-Film war Franz Joseph nur in einer Nebenrolle zu sehen – man konzentrierte sich ganz auf die »Lovestory« Rudolf – Mary Vetsera und hatte einen Statisten gefunden, der dem Monarchen so ähnlich sah, daß man ihm die stumme Rolle anvertraute.

Während einer aufwendigen Hofballszene mußten die Dreharbeiten unterbrochen werden, da »Seine Majestät« nicht erschien. Alles wartete ungeduldig, bis der Kaiser mit einstündiger Verspätung auftauchte – per Straßenbahn! »Um Himmelswillen«, brüllte der Regisseur, »wo stecken Sie denn so lange?«

»Tschuldigen«, stotterte Kaiser Franz Joseph, »i hab' ma nur am Arbeitsamt mein' Stempel g'holt!«

1933 wurde in Bad Ischl ein weiteres Mal das Leben des Kaisers verfilmt. Es gab immer wieder Pannen, zuerst schüttete es in Strömen, dann tauchten Tonprobleme auf, ein andermal paßten die Kostüme nicht. Endlich schien's zu funktionieren, das Wetter, die Akustik, Uniformen – alles stimmte. Der Wiener Schauspieler Karl Ehrmann fuhr in der Rolle des Monarchen mit einem Hofwagen vom Bahnhof durch das Spalier Hunderter Menschen, die jubelten, Fahnen schwenkten, Blumen streuten. Die Musikkapelle spielte – man fühlte sich geradezu zurückversetzt in die Monarchie, die damals noch vielen in lebendiger Erinnerung war.

Eine alte Frau allerdings, die zufällig vorbeikam und keine Ahnung hatte, daß hier ein Film gedreht wurde, hatte offensichtlich übersehen, daß die »gute alte Zeit« fünfzehn Jahren zuvor schon zu Ende gegangen war. Sie sprang aus der Reihe, wandte sich dem Wagen zu und rief tief bewegt: »Majestät, willkommen in Bad Ischl!«

Die aufwendige Szene, die endlich erfolgversprechend abgedreht werden sollte, war einmal mehr »im Kübel« und mußte ein weiteres Mal gedreht werden. Da stöhnte der Kaiser-Darsteller Karl Ehrmann, durchaus milieugerecht: »Mir bleibt auch nichts erspart.«

## Worüber der Kronprinz lachte

Kronprinz Rudolf hatte im November 1887 – etwas mehr als ein Jahr vor seinem Tod also – bei einem Wienerliedabend im Jagdschloß Orth an der Donau den singenden Fiaker Josef Bratfisch kennengelernt. Neben seinem späteren Leibfiaker und den »Schrammeln« fanden sich damals auch Wiener Originale wie der Sänger »Hungerl«, der Kunstpfeifer »Baron Jean«, die Jodlerin »Kiesel-Marie«, der »Friseur Brady« und der Grinzinger Gastwirt und Dudler Brandmeyer ein.

In Begleitung der Künstler war auch ein Mohr, der an der Schank des Gasthofs Kreipl arbeitete und der wie alle Sänger, Musiker, Kutscher und die Hilfskräfte für die Zeit der Jagdeinladung des Kronprinzen in einem der nahen Gutshöfe einquartiert wurde.

In diesem Zusammenhang wird die Geschichte einer Bäuerin überliefert, in deren Anwesen der schwarze Schankbursche nächtigen sollte. Bei seiner Ankunft fragte sie den mitreisenden Sänger »Schuster-Franz«, »ob der Neger echtfarbig« sei. »Aber woher«, machte sich der Musikant einen Scherz, »den haben wir nur so ang'strichen.« Um das zu beweisen, betupfte er seinen Zeigefinger an einer Radnabe verstohlen mit Wagenschmiere, fuhr dem Mohren über die Wange und zeigte den schwarzen Finger vor. Die Frau tat einen entsetzten Schrei und rannte davon, um das frische, blütenweiße Bettzeug gegen ihre ältesten, hundertmal geflickten Überzüge zu ersetzen.

Auch der Kronprinz soll sich über diese Episode amüsiert haben.

# Ihr Auftritt, bitte!
## Schauspieler und ihre Rollen

*»Manche Schauspieler sind so begabt,
daß sie selbst im Leben wie echt wirken.«*

RODA RODA

# Zehn Gulden statt Champagner

Er war einer der beliebtesten Komiker seiner Zeit, Nestroy schrieb ihm die Rollen auf den voluminösen Leib. Doch, wie's so oft vorkommt bei Menschen, die andere zum Lachen bringen: er selbst hatte wenig Grund zum Fröhlichsein. Der große Volksschauspieler Wenzel Scholz hat freilich auch viel dazu beigetragen, daß er lange nicht glücklich werden konnte. Denn er war ein krankhafter Spieler. Kaum hatte er ein paar Gulden eingenommen, landeten sie auch schon auf dem Kartentisch. Also sah er sich oft und oft gezwungen, von seinem jeweiligen Theaterdirektor Vorschüsse zu kassieren.

Einer, der das beinhart ausnützte, war Karl Carl, Direktor des Theaters an der Wien, der Scholz immer nur dann ein Akonto gewährte, wenn er sich verpflichtete, auch in der nächsten Saison für eine – unverschämt niedrige – Gage bei ihm aufzutreten.

Dagegen war selbst der Kaiser machtlos. Franz I. war von Scholz so hingerissen, daß er ihn ans Burgtheater engagieren wollte. Scholz ging zu Direktor Carl, um aus dem Vertrag entlassen zu werden. Doch der erwies sich als unbarmherzig, und der Schauspieler mußte seine Vorschüsse weiterhin bei ihm »abarbeiten«. Nicht einmal eine Audienz beim Kaiser konnte Scholz, der im

k. k. Hof-Burgtheater die Chance seines Leben sah, helfen.

Karl Carl gab alljährlich einen großen Ball, zu dem »ganz Wien« geladen war, natürlich auch sein Starkomiker Wenzel Scholz. Wie immer in Geldnöten, kam der am Vortag des Festes mit folgendem Vorschlag zum Direktor: »Schaun S', wenn ich auf Ihren Ball komm', trink ich wenigstens um zehn Gulden Champagner – geben S' mir also gleich die zehn Gulden, und ich komm gar nicht!«
Direktor Carl wies ihm das Geld an. Und das wiederholte sich jedes Jahr. Scholz erhielt fortan immer Geld statt Einladung.

Erst in reifen Jahren sollte Scholz sein privates Glück finden. Nach dem Tod seiner ersten Frau verliebte sich der 65jährige in eine 27jährige Chorsängerin. Gegen den Rat seiner Kinder und aller Kollegen heiratete er sie – und wurde glücklich mit ihr. Nur Nestroy hatte an das späte Glück seines besten Freundes geglaubt, und er war ihm als Trauzeuge beigestanden.
Die fast vierzig Jahre jüngere Frau schaffte es nun, Ordnung in die Finanzen von Wenzel Scholz zu bringen, und aus Liebe zu ihr gab er sogar seine Spielsucht auf.
Der Komiker starb 1857 im Alter von siebzig Jahren. Die Nestroy-Stücke verschwanden nach seinem Tod für längere Zeit von den Spielplänen. Niemand wagte es, die Rollen des großen Wenzel Scholz zu übernehmen.

## »Sie werden doch Ihren Sohn erkennen!«

Auf die Frage »Warum spielen Sie Theater?« gab die Volksschauspielerin Josephine Gallmayer die entwaffnende Antwort: »Weil i net Strümpf' stopfen kann.«

Als weiteres Beispiel ihrer Schlagfertigkeit wird die Einvernahme der Gallmayer als Zeugin vor Gericht genannt, wo sie auf die Frage des Richters »Wann geboren?« mit verschämtem Augenaufschlag geantwortet haben soll: »In Brünn!«

Dr. Rudolf Tyrolt, Jurist und Charakterkomiker, zählte zur Jahrhundertwende zu den Lieblingen des Wiener Publikums. Sein größter Verehrer aber war sein Vater, der täglich ins Burgtheater kam, um »den Buben« zu bewundern. Das allabendliche Zeremoniell begann damit, daß Tyrolt sen. vor dem am Theaterportal affichierten Programmzettel stehen blieb und sich, unter dem Vorwand, die Brille vergessen zu haben, die Namen aller Schauspieler vorlesen ließ. Wurde sein Sohn genannt, unterbrach er: »Ah, der Tyrolt spielt mit, da geh' ich in die Vorstellung, um diesen ausgezeichneten Künstler zu sehen.«
Im Zuschauerraum fragte er dann, sobald sein Sohn auftrat, den Sitznachbarn: »Wer ist denn dieser hervorragende Schauspieler?« Durch derlei Mätzchen selbst schon als Wiener Original bekannt geworden, bekam der Papa eines Abends die Antwort: »Aber Herr Tyrolt, Sie werden doch Ihren eigenen Sohn erkennen!«

## »komme sofort – stop – habe frau für dich gefunden!«

Die Thimigs sind – neben den Mitgliedern der Familie Hörbiger – Wiens zweite große Theaterdynastie. Schon Hugo Thimig, der Vater, zählte zu den Großen des Burgtheaters, und er war von 1912 bis 1917 auch dessen Direktor. Seine Kinder Helene, Hermann und Hans traten in seine Fußstapfen.

Recht außergewöhnlich ist der Ursprung der Dynastie: Hugo, 1854 als Sohn eines Hutmachers in Dresden geboren, kam im Alter von zwanzig Jahren ans Burgtheater. Als er 34 (und immer noch Junggeselle) war, erhielt er einen Brief seines besten Freundes und Burgtheater-Kollegen Hermann Schöne, der sich über die Osterfeiertage in Stuttgart aufhielt. Schöne kannte Thimig so gut, daß er annehmen konnte, ihm mit dem folgenden Telegramm Glück zu bringen: »komme sofort – stop – habe frau für dich gefunden!«

Hugo Thimig setzte sich in die Bahn, fuhr von Wien nach Stuttgart und traf dort die ihm anempfohlene 21jährige Kaufmannstochter Fanny Hummel. Am selben Tag noch, es war der 2. April 1888, notierte er in sein Tagebuch: »Fanny gesehen. Es ist die Rechte.« Eine Woche später wurde Verlobung gefeiert, im August geheiratet.

Es muß wohl eine große Liebe gewesen sein. Hugo Thimig starb zwei Tage (!) nach dem Tod seiner Frau, am 24. September 1944, im Alter von neunzig Jahren.

# »Nie wieder Grieg!«

Am 25. April 1925 feierte am Wiener Burgtheater eine denkwürdige *Peer Gynt*-Aufführung Premiere. Otto Tressler spielte die Titelrolle, als Solveig, seine Geliebte, konnte man Auguste Pünkösdy sehen – und leider auch hören. Denn sie sang zur Musik von Edvard Grieg, der Ibsens Drama vertont hatte. Die Stimme der Schauspielerin war freilich so dünn, daß der Kritiker Leopold Jacobsohn anderntags schrieb: »Wenn ich Frau Pünkösdy Solveigs Lied intonieren höre, möchte ich ausrufen: ›Nie wieder Grieg!‹«

Otto Tressler wiederum hatte in derselben Vorstellung arge Textprobleme. An einer Stelle sollte er sagen: »Daß Gott zu lohnen und zu strafen/Die Böcke sondert von den Schafen.« Doch er deklamierte irrtümlich verkehrt herum: »Daß Gott zu strafen und zu lohnen ...« (um sich dann folgendermaßen aus der Affäre zu ziehen): »...die Erbsen sondert von den Bohnen!«

Tage nach der Premiere, am 8. Mai 1925, ereignete sich dann, ebenfalls in *Peer Gynt*, der wohl spektakulärste Zwischenfall in der Geschichte des Burgtheaters. Der Schauspieler Philipp Zeska hatte soeben die Bühne betreten und in seiner Rolle als Blinder Passagier Ibsens Worte »Ich komme betreffs des Leichnams« gesprochen, als mehrere Schüsse fielen. Aber nicht auf der Bühne, sondern in der 2. Loge, 3. Rang rechts: Die 25jährige Mazedonierin Mencia Carniciu hatte ihren früheren Geliebten, den 42jährigen Kaufmann Todor

Panicza, vermutlich aus Eifersucht erschossen. Die Vorstellung wurde unterbrochen und erst wieder fortgesetzt, als der Leichnam aus dem Theater getragen und die Attentäterin verhaftet war. Nur eine Textstelle – wortwörtlich von Henrik Ibsen niedergeschrieben – wurde an diesem Abend gestrichen: »Man stirbt nicht mitten im vierten Akt!«

## Der Mann, der den Kaiser um ein Autogramm bat

Er war einer der hinreißendsten Komiker im alten Wien: Szöke Szakall, ein Schauspieler, über den man nicht nur im Film und auf der Bühne, sondern auch privat herzlich lachen konnte. Als Fritz Kortner 1931 in dem Film *Dreyfus* brillierte, bekam dieser zunächst einen begeisterten Brief vom Wiener Schauspieler Paul Morgan: »Mein lieber Kollege Kortner! Seit ich Dich als Dreyfus gesehen habe, schäme ich mich, daß im Telefonbuch hinter dem Namen Paul Morgan die Bezeichnung Schauspieler steht. Paul Morgan.«
Tage später erhielt Kortner einen weiteren Brief: »Sehr geehrter Herr Kollege Kortner! Ich muß mich Paul Morgans Urteil vollinhaltlich anschließen. Seit ich Sie als Dreyfus gesehen habe, schäme ich mich auch, daß im Telefonbuch hinter dem Namen Paul Morgan die Bezeichnung Schauspieler steht. Szöke Szakall.«

**1936** spielte Szöke Szakall den Frosch in der Londoner *Fledermaus*-Inszenierung. In einer (hymnischen) Kritik war zu lesen, daß er jener Wiener Komiker sei, »über den noch Kaiser Franz Joseph gelacht« habe.

Das stimmt, doch hat ihn der Kaiser nicht als Komödiant, sondern nur als Soldat »bewundern« können. Szakall war in der k.u.k. Armee in Preßburg stationiert gewesen, wohin Franz Joseph eines Tages zur Inspektion seiner Truppen kam. Und dabei geschah etwas für die damalige Zeit Ungewöhnliches: Szöke Szakall bat den Kaiser um ein Autogramm – was Franz Joseph bis dahin nie erlebt hatte. Der Kaiser gab es ihm und fragte den noch unbekannten Szöke Szakall, in welcher Branche er tätig sei. Der junge Schauspieler antwortete: »Ich bin am Theater.«

»Und«, wollte der Kaiser wissen, »was lieben Sie dort am meisten?«

Szöke Szakalls Antwort: »Meine weiblichen Kollegen!« Kaiser Franz Joseph soll verständnisvoll gelächelt haben ...

## Der König der Nebenrollen

Man nannte ihn den »König der Nebenrollen«. Richard Eybner war am 17. März 1896 als Sohn des späteren Stadtoberhaupts von St. Pölten zur Welt gekommen, »Eybner, Otto, Bürgermeister«, kann man in der Ortschronik nachlesen. »Während seiner Amtszeit von 1910 und 1918 wurden Schulen errichtet und die Straßenbahn eingeführt.« Der größte Tag des Bürgermeisters Otto Eybner war aber ein Besuch Kaiser Franz Josephs in St. Pölten. Da stand der vierzehnjährige Richard »ganz schön aufgemascherlt«, wie er sich später erinnerte, hinter dem Papa im Spalier und jubelte dem Kaiser zu.

Nach Absolvierung der Handelsakademie und einem kurzen Zwischenspiel als Bankbeamter landete Richard Eybner im Reinhardtseminar, von wo ihn der damalige Burgtheater-Direktor Anton Wildgans 1931 an die »Burg« holte, der er dann fünfundfünfzig Jahre lang angehören sollte.

Dort trat Eybner Anfang der dreißiger Jahre – ganz auf Vaters Spuren – als Bürgermeister von Eger in *Wallensteins Tod* auf. »Ich war über die kleine Rolle glücklich«, erzählte er, »und ich war's auch den Hauptdarstellern nicht neidig, wenn sie mehr zu sagen hatten als ich.« In Schillers *Wallenstein* waren überhaupt nur vier Worte für ihn vorgesehen. Auf die Frage Wallensteins – gespielt von Werner Krauß – »Wie war doch euer Name, Herr Bürgermeister?« hatte Eybner zu antworten: »Bachhelbel, mein erlauchter Fürst.«

Womit der Auftritt schon wieder vorüber gewesen wäre. Dem großen Werner Krauß tat Eybner mit seiner winzigen Rolle aber so leid, daß er ihn in jeder Vorstellung dreimal um seinen Namen fragte. Und der junge Eybner antwortete jedesmal: »Bachhelbel, mein erlauchter Fürst!« Womit die Rolle auf zwölf Worte angewachsen war.

Eybner starb am 20. Juni 1986 im 91. Lebensjahr. Wenige Tage davor war er noch auf der Bühne gestanden. In einer kleinen Rolle, wie sein Leben lang.

# Kammerdiener mit Textproblemen

Ein Herr, der jahrzehntelang als Statist tätig war, erhielt im hohen Alter die Aufgabe seines Lebens. Endlich sollte er auf der Bühne drei Worte sprechen dürfen. Drei Worte! Er spielte einen Kammerdiener, der die Ankunft eines adligen Gastes so ankündigen sollte: »Der Marquis Dobinier!«

Doch die Aufregung war zu groß, und als der schwierige Name bei den Proben nicht und nicht über seine Lippen kommen wollte, versuchte der Regisseur zu helfen: »Sie sind doch Wiener? Merken Sie sich einfach: Do bin i eh.«

Der Statist nahm es sich zu Herzen. Sagte dann bei der Premiere aber leider: »Herr Marquis, i bin eh do!«

# »Sehn S', das is' Wien ...«

## Von Hofräten, Kutschern und anderen Originalen

*»In Wien wird man vom Fiaker nicht niedergeführt,*
*weil einen der Kutscher persönlich kennt.«*

KARL KRAUS

## »Wenn eine nur anständig bleibt«

Der Dienstmann, die Frau Sopherl vom Naschmarkt, manch grantige Hausmeisterin gehören neben vielen anderen ebenso zum Wesen der Stadt Wien wie *Steffl*, Schönbrunn und Riesenrad. Zu diesen »Typen« zählte zweifellos auch jener Fiaker, der während der Revolutionstage des Jahres 1848 einem eleganten Herrn, der an seinem »Stand« vorbeiging, nicht wie sonst immer zurief: »Fahr' ma, euer Gnaden!« Sondern: »Fahr' ma zur Revolution, euer Gnaden!«

In dem selben Jahr vermutete der Volksmund übrigens, daß sich der relativ friedliche Umschwung in Wien von den Revolutionen in anderen Ländern dadurch unterschieden hätte, daß man dort bei ähnlichen Anlässen rief: »Freiheit und Gleichheit!« In Wien aber hieß es: »Freiheit und gleich heut'!«

Ein Auto im alten Wien. Zwei Bürger blicken ihm sinnend nach. Da sagt der eine: »Wird aa wieder abkummen.«

In einem Wiener Blatt war vom tragischen Tod einer jungen Frau die Rede, deren Umgang mit Männern mehr als offenherzig gewesen sei. Ein Reporter erfuhr

94

von der Hausmeisterin im Haus der Verstorbenen dies und das und scheute auch nicht vor der Frage zurück: »Und was halten Sie von Prostitution im allgemeinen?« »Wie ma's nimmt«, lautete die Antwort, »wenn eine nur anständig bleibt!«

Über wieviel Charme diese Stadt verfügt, zeigt auch der Ausspruch jenes Wieners, der einen Freund mit den folgenden Worten zum Abendessen in seine Wohnung bat: »Mei' Alte hat a paar g'scheite Leut zum Essen eing'laden. Und da möcht i net der anzige Trottel sein.«

Ein Unbekannter definierte die unterschiedliche Rechtssituation dreier europäischer Metropolen folgendermaßen: »In London ist alles erlaubt, was nicht verboten ist. In Berlin ist alles verboten, was nicht erlaubt ist. Und in Wien ist alles erlaubt, auch wenn es verboten ist.«

## »A Gauner, a Zuchthäusler, a Hochstapler«

Der Chronist Hanns Sassmann hinterließ uns die Geschichte des Berliner Industriellen Kloppenburg, der in der Zwischenkriegszeit daran dachte, in Wien einen Vertreter für seine Werkzeugfabrik einzustellen. Als bester Mann für den Posten wurde ihm ein Herr namens Kitzberger empfohlen.

Sicherheitshalber wollte Kloppenburg seinen Wiener Geschäftsfreund Mayrhofer fragen, ob Kitzberger seriös genug sei. Der Fabrikant reiste eigens an die Donau, wo er Mayrhofer nach langer Suche in einem Kaffeehaus antraf.

»Also, was halten Sie von Kitzberger?«

»Was, der Kitzberger?« meinte Mayrhofer, »nur net anrühren. A Gauner, a Zuchthäusler und a Hochstapler. Aber wann S' Ihna den Mann persönlich anschau'n woll'n, mir machen morgen a fesche Heurigenpartie nach Baden, da fahrt er mit. Übrigens, da kummt er g'rad, des durt is' er, der Lange, der mit'n Hofrat red't. Servus, Kitzberger! Vergiß net, morgen um zwa bei der Badner Elektrischen.«

Der Berliner Fabrikant war baff. »Sie scheinen mit dem Mann sehr intim zu sein.«

»Ja, mir san die besten Freund'!«

»Aber Sie nannten den Herrn doch eben 'nen Gauner und Zuchthausbruder. Und Sie verkehren gesellschaftlich mit ihm?«

Mayrhofer sah den Preußen verblüfft an und sagte dann: »Seh'n S', lieber Herr, das is' Wien.«

Nächtliches Gespräch beim Heurigen: »Warum gehst denn net z'Haus zu deiner Alten?«

»Weil's auf mi bös is'.«

»Warum is' bös auf di?«

»Weil i net hamkumm!«

# Titelreform auf österreichisch

Der Titel Hofrat wurde hierzulande im Jahre 1850 als antiquiert betrachtet und durch den neu eingeführten Titel Ministerialrat ersetzt. Freilich hatte man die Rechnung ohne die gewesenen Hofräte gemacht. Die protestierten so lange, bis es den Hofrat wieder gab. Unnötig zu erwähnen, daß uns der Ministerialrat zusätzlich erhalten blieb.

Österreich ist das einzige Land, in dem auch Mittelschullehrer Professoren sind. Der Grund dafür: Als zur Jahrhundertwende die Gymnasiallehrer um eine Gehaltserhöhung ansuchten, waren die Staatskassen wie immer leer. Da fand Kaiser Franz Joseph eine »österreichische Lösung«: jeder Lehrer durfte sich fortan (und so ist's bis zum heutigen Tage) Professor nennen. Natürlich bei Fortbestand der alten Besoldung. Damals entstand das geflügelte Wort vom »Titel ohne Mittel«.

Auch verdienten Künstlern kann in Österreich bekanntlich der Berufstitel Professor verliehen werden. Das wiederum kam so: In der Monarchie gab es die Möglichkeit, bedeutende Dichter, Komponisten, Schauspieler und andere durch die Verleihung von Adelstiteln auszuzeichnen. 1918 suchte man einen Ausgleich dafür. Und erfand den Professor h. c., der sich bis heute großer Beliebtheit erfreut.

# Einstein protestiert

Der Radiomoderator Kurt Votava warb einmal mit den folgenden Worten in der Sendung *Autofahrer unterwegs*: »Für morgen, Sonntag, bittet Radio Wien zu einem Benefizfest mit Professor Heinz Conrads, Professor Rosemarie Isopp, den Professoren Gustav Zelibor und Norbert Pawlicki, den Professoren Karl Grell und Franz Bauer-Theussl. Karten dafür bekommen Sie beim Empfangsbeamten im Funkhaus ... der ist sicher auch schon Professor!«

Als Fritz Eckhardt Professor wurde, gratulierte ihm Hans Weigel mit einem Telegramm des folgenden Wortlauts: »Hiermit lege ich meinen Professortitel zurück, Albert Einstein.«

Schauspieler des Burgtheaters können mit einer ganzen Palette von Titeln ausgezeichnet werden. Was dazu führte, daß eines Tages ein Regisseur bei Proben zur Rüpelszene des *Sommernachtstraums* den beteiligten Mimen die folgende Anweisung gab: »Und an dieser Stelle treten Herr Hofrat Herrn Professor kräftig in den Hintern!«

# Irrtümlich ein
# Selbstporträt gemalt
## Maler und ihre Modelle

*»Maler sind Überzeugungstäter, die keinen
sehnlicheren Wunsch haben als gehängt zu werden.«*

WERNER FINCK

## Das Gedächtnis einer Jungfrau ...

Heute noch werden die Jahre, in denen die Wiener Ringstraße erbaut wurde, oft als Makart-Zeit bezeichnet, so sehr hat der Historienmaler mit seinen überladenen Gemälden diese Epoche geprägt. Zahlreiche Besucher stürmten das Atelier des Idols in der Gußhausstraße, um ihm ihre eigenen Kunstwerke – von äußerst unterschiedlicher Qualität – zu zeigen. Eines Tages erschien eine Dame, um dem Meister die Arbeiten ihrer Tochter zu präsentieren. Die Bilder, insbesondere einige männliche Akte, zeugten davon, daß das Mädchen nicht untalentiert war.
»Wie alt ist denn Ihre Tochter?« fragte Hans Makart.
»Siebzehn Jahre.«
»So, so. Und hat sie diese Arbeiten nach der Natur gemalt, nach einem Modell?«
»Wo denken Sie hin?«, gab sich die Mutter entrüstet. »So etwas dürfte sich meine Liesl nicht erlauben. Aus dem Gedächtnis hat sie das gemalt.«

## »I kenn' ja die Gegend net«

Max Schödl, ein anderer Maler aus der Gründerzeit, ist im Gegensatz zu Makart vielfach in Vergessenheit geraten. Die oft unfreiwillig komischen Aussprüche des Wiener Originals kann man aber in ausgewählten Zirkeln immer noch hören.

So etwa traf Schödl den Sohn eines Bekannten und fragte ihn: »Wie geht's dem Papa?«

»Aber der ist doch vor sechs Wochen gestorben!«

»Ah, drum seh' ich ihn jetzt so selten. Was hat ihm denn gefehlt?«

»Doppelseitige Lungenentzündung.«

»Naja«, tröstete Schödl, »es wird schon net so schlimm g'wesen sein!«

Schödl kehrt aus Paris heim. »Waren Sie am Eiffelturm?« wird er gefragt.

»Nur im ersten Stock!«

»Aber warum sind Sie denn nicht ganz hinauf?«

»Zuwas?« meint Schödl. »I kenn' ja die Gegend net.«

Der Künstler arbeitete an einem Stilleben: »Ich leg' mir an g'stickten Brokat, a Perlmutterkastl, an arabischen Spiegel und an Dolch hin, denk' an nix und fang zum malen an. Wie i fertig war, hab' i mi g'wundert: War ich selber am Bild zu sehen. Was war? I hab' in meiner Zerstreutheit in Spiegel g'schaut und a Selbstporträt g'malt!«

# Bekanntlich der schönste Busen von Wien

Schödl besuchte elegante Wiener Stadtgeschäfte und Stadtcafés: *Braun* am Graben, *Sirk-Ecke*, *Sacher*, *Engli-*

*sche Flotte.* Dann ging er noch zu einem kleinen Optiker auf der Wieden. Zu Hause angekommen, bemerkte er, daß er irgendwo seinen teuren Seidenschirm mit Goldgriff vergessen hatte. Er ging noch einmal zu *Braun, Sirk, Sacher* und zur *Englischen Flotte* – ohne Erfolg. Erst der Optiker auf der Wieden händigte ihm den Schirm aus. »I sag's ja immer«, meinte Schödl, »die klan Leut' san halt doch die ehrlichsten!«

Wohin, Euer Gnaden?« fragt der Fiaker, dessen Kutsche Schödl soeben bestiegen hatte.
Grübelt der zerstreute Maler: »Fahren S' auf Nummer sechs. Die Gassen sag' i Ihnen später!«

Als der Maler von einem Kunden mit »Habedjehre, Herr Schödl« begrüßt wurde, fragte er diesen zurück: »Sind Sie Wiener?« Der Besucher bejahte, worauf Schödl meinte: »Dann sagen S' gefälligst ›Herr von Schödl‹ zu mir!«

»Bekanntlich« (!), meinte Schödl einmal, »hat meine Frau den schönsten Busen von Wien.«

# Kokoschka und das Porträt der alten Dame

Eine ältere Dame, so erzählt man, sei in den zwanziger Jahren in das Atelier des großen Malers Oskar Kokoschka in der Liebhartstalstraße im 16. Bezirk gekommen, um sich von ihm porträtieren zu lassen. Über den Preis war man sich bald einig, und so begann am nächsten Tag schon die erste Sitzung.

Die ältere Dame kam mehr als eine Woche lang täglich, und nach acht oder neun Sitzungen zeigte ihr der Meister sein Werk. Die Auftraggeberin besichtigte es kritisch – von vorne, von links und von rechts – und drückte dann ihre Zufriedenheit aus: »Schön ist es geworden, Herr Kokoschka, sehr schön. Aber ich hätte gern . . . – ich hätte gern, daß Sie mir Ohrringe dazu malen. Natürlich gegen einen Aufpreis.«

»Aber gnädige Frau«, zeigte sich der Maler entsetzt, »Sie haben so schöne Ohren, warum soll ich sie durch Ohrringe verdecken?«

»Ich will Ohrringe.«

Kokoschka malte und zeigte der Dame anderntags das geänderte Werk. Sie betrachtete es und meinte nun: »Sehr schön. Aber jetzt möchte ich noch ein schönes Perlenkollier.«

»Warum denn das«, wandte Kokoschka ein, »wo Sie doch einen so schönen Hals haben?«

»Ich will ein Kollier.«

Kokoschka malte auch dieses. Neuerlich betrachtete die Dame ihr Porträt. Und wünschte sich nun auch noch ein Diadem.

»Bei Ihrem wunderschönen Haar?« Kokoschka wußte freilich schon, daß jeder Einwand zwecklos war. Und so malte er auch noch das Diadem. Die Dame kam, war endlich restlos zufrieden, zahlte das Bild und die Änderungen.

»Gestatten Sie mir eine Frage«, sagte Kokoschka, während er das Gemälde einpackte, »wozu wollten Sie all den Schmuck?«

»Das werde ich Ihnen erklären, Herr Kokoschka«, antwortete die Frau. »Schauen Sie, ich bin nicht mehr die Jüngste, und ich bin krank, sehr krank. Ich werde nicht mehr lange leben. Mein Mann hat eine junge Freundin. Kaum werde ich unter der Erde sein, wird er sie heiraten. Eines Tages wird sie sich das Bild ansehen, und ihre erste Frage wird sein: Wo ist der Schmuck? Sehen Sie, mein lieber Herr Kokoschka«, sagte die alte Dame verschmitzt lächelnd, »das ist der Grund, warum ich mir das alles hab' malen lassen.«

Die alte Dame nahm ihr Bild und ging. Oskar Kokoschka hat sie nie wieder gesehen.

Kokoschka«, sagte Karl Kraus, »hat ein Porträt von mir gemacht. Schon möglich, daß mich die nicht erkennen werden, die mich kennen. Aber sicher werden mich die erkennen, die mich nicht kennen.«

## Intrigen rund ums
## Staatsvertrags-Gemälde

Während die politische Bedeutung der Staatsvertrags-Unterzeichnung am 15. Mai 1955 vielfach beschrieben wurde, will ich hier die Geschichte des berühmten Bildes von Robert Fuchs erzählen, das die historische Stunde dokumentiert.

Auf gut österreichisch war die Frage, wie der uns Freiheit und Neutralität bringende Vertrag künstlerisch festzuhalten sei, von der Regierung nicht vor, sondern erst Monate *nach* dem feierlichen Staatsakt erörtert worden! Auf Vorschlag des Kunstsenats wurde der Auftrag zunächst dem bekannten Maler Sergius Pauser übergeben, doch Bundeskanzler Raab soll, als er die ersten Skizzen sah, »in Ohnmacht gefallen sein«. Die darauf abgebildeten Politiker wurden im Ministerrat einstimmig als »Ansammlung von Wasserleichen« bezeichnet.

Julius Raab, der nicht gerade als großer Kunstkenner galt, entzog Pauser den Auftrag und legte ihn in die

Hände seines »Hausmalers« Robert Fuchs. Für ein Honorar von 120.000 Schilling konterfeite Fuchs eineinhalb Jahre lang rund achtzig Würdenträger, die ihm in seinem Atelier am Wiener Esteplatz persönlich Modell standen. Nur Minister Karl Waldbrunner und die ausländischen Teilnehmer (die natürlich längst abgereist waren) mußten anhand von Fotografien porträtiert werden.

Sehr österreichisch auch, daß ein paar Beamte und Diplomaten auf allerhöchste Intervention ins offizielle Bild »hineinintrigiert« wurden, obwohl sie dem Staatsakt im Belvedere gar nicht beigewohnt hatten, wie etwa der Generalpostdirektor Benno Schaginger.

Als das Gemälde 1957 feierlich enthüllt wurde, setzte ein Sturm der Entrüstung »gegen die Ausbootung des Malers Sergius Pauser« ein. Die *Föderation moderner Künstler* deklassierte das Fuchs-Bild als »bunte Fotografie«, und Kritiker entrüsteten sich, weil Politiker hier »nach ihrem persönlichen Geschmack und nicht nach dem Urteil von Sachverständigen entschieden« hätten.

Das 1,80 x 2,10 Meter große Gemälde hängt heute – längst ein Klassiker – in jenem Eckzimmer des Bundeskanzleramts, in dem Engelbert Dollfuß am 25. Juli 1934 ermordet wurde.

# »Mir san vom k. u. k ...«
## Die Offiziere Seiner Majestät

*»Ein Volk lebt nicht vom Brot allein.*
*Es muß auch Kriege führen, um keines zu haben.«*

KARL FARKAS

# Der Steinadler des Prinzen Eugen

Einem folgenschweren Fehler Ludwigs XIV. ist es zuzuschreiben, daß Prinz Eugen, einer der größten Feldherrn aller Zeiten, nicht für Frankreich, sondern für Österreich ins Feld zog. Der *Sonnenkönig* hatte Eugen von Savoyen wegen zu geringer Körpergröße aus der französischen Armee entlassen, worauf dieser fortan dem Haus Habsburg diente und in fast dreißig Schlachten siegreich blieb. Seine größten Triumphe konnte der *edle Ritter* gegen die Türken und mit der zweifachen Eroberung von Belgrad feiern.

Wie sehr die Habsburger Eugens Kriegsdienste zu schätzen wußten, steht fest: Konnte er sich doch sowohl die Errichtung eines Winterpalais in der Himmelpfortgasse (dem heutigen Finanzministerium) als auch des Belvedere leisten. Das prunkvolle Schloß an der Prinz-Eugen-Straße, ein Meisterwerk Lukas von Hildebrandts, wurde 1723 mit einem gigantischen Fest eröffnet. Zwei Gäste erregten Aufsehen, als sie eine Wette abschlossen, welcher von beiden in der wertvolleren Robe erscheinen würde. Der erste kam in einem mit Brillanten übersäten Kostüm. Als sich der andere, ein Graf, in schlichtem, grauen Tuch zeigte, und spöttisch nach dem besonderen Vorzug seiner Kleidung gefragt wurde, öffnete er den Mantel, worauf sichtbar wurde, daß dieser mit einem unschätzbar wertvollen Gemälde des Malers Antonio Correggio gefüttert war.

Der Graf hatte die Wette gewonnen. Aber Prinz Eugen hat die beiden Snobs nie wieder eingeladen.

Von einer hübschen, stark geschminkten Frau gefragt, wieso es ihn denn nach so vielen glorreich geschlagenen Schlachten immer noch ins Feld ziehe, antwortete Prinz Eugen: »Ach Madame, Sie tragen ja auch immer wieder Rouge auf, obwohl Sie auch sonst sehr schön sind.«

An Frauen in keiner Weise interessiert, gestand der in Paris *Madame Simon* genannte Prinz ganz offen, er »incommodiere sich nicht mit Damen, ein paar schöne Pagen wären besser meine Sache«.

Im Belvedere hatte Eugen eine Menagerie, in der Affen, Hirsche, Gazellen, Antilopen und viele andere Tiere untergebracht waren, darunter auch ein Steinadler, den der Prinz über alles liebte. Der Vogel überlebte seinen Herrn und wurde, als Napoleon 1809 in Wien einzog, dem Korsen als besondere Attraktion gezeigt. Kurz nach dem hohen Besuch ging das fast hundert Jahre alte Tier plötzlich ein. Die Wiener munkelten, der Vogel habe nicht ertragen, daß ein anderer Feldherr seinen eigenen an Pracht und Herrlichkeit überstrahlt hätte.

# Wie der Radetzkymarsch entstand

Johann Joseph Wenzel Graf Radetzky, der große Feldherr, betrat das Gastzimmer der Weinschenke und setzte sich an den Tisch des Hofrats von Auersperg. »Wo waren Exzellenz so lange?« fragte Auersperg, als man den beiden eine Flasche Champagner auf den Tisch stellte.

»Bei einer Soirée«, antwortete der Feldmarschall.

»Wie schön!«

»Ganz und gar nicht schön«, schnaubte der mehr als achtzig Jahre alte Radetzky. »Wo immer Sie heutzutage hinkommen, werden diese verdammten Walzer gespielt, immer nur Walzer. Und alle sind sie von diesem …wie heißt er denn nur?«

»Johann Strauß«, sagte Auersperg.

»Ja, der Strauß. Diese Walzer machen uns das ganze Soldatenleben kaputt. Eins, zwei, drei, eins zwei, drei …Angefangen hat das schon mit dem *Wiener Kongreß*, auf dem nur getanzt statt verhandelt wurde. Und was haben sie getanzt? Walzer! Und während sie getanzt haben, ist der Napoleon aus Elba zurückgekehrt, und Tausende unserer braven Soldaten mußten ins Gras beißen.«

»Ja, aber was kann denn da der Walzer dafür?« fragte Auersperg.

Nebenan, am Künstlerstammtisch, lauschte ein Herr mit Künstlermähne, der der Antwort mindestens ebenso neugierig harrte.

»Dieselbe Gemütlichkeit, die damals beim *Kongreß* durch solche Musiker wie diesen Strauß herrschte, hat die Wiener in eine Duliöhstimmung gebracht, die nichts mit der harten Wirklichkeit zu tun hat. Wir brauchen Soldaten, aber keine Walzertänzer. Wenn diese Wiener Komponisten wenigstens einen einzigen anständigen Marsch zusammenbringen würden – aber das kann er nicht, dieser Strauß. Mir kann er gestohlen bleiben mit seinem ganzen Dreivierteltakt!«

Der am Nebentisch sitzende Herr mit Künstlermähne ärgerte sich und zahlte. »Ich soll keinen Marsch schreiben können?« sagte Johann Strauß Vater – der zufällig Zeuge des Gesprächs geworden war – leise zu sich und ging. Und am Heimweg fiel ihm eine Melodie ein.

Es war kein Walzer, sondern ein Marsch. Und er nannte ihn, seinem Tischnachbarn zu Ehren, Radetzkymarsch.


## »Dein Dich liebender Vater Radetzky, Feldmarschall«


Radetzky hatte seiner Tochter Friederike, verehelichter Gräfin Wenckheim, im Jahre 1856 mehrere Briefe geschickt, die von der großen Zuneigung des alten Haudegen zu seinem Kind zeugen. Versicherte er doch darin seiner »geliebten Fritzi« immer wieder, wie sehr sie ihm im fernen Venedig fehle, wo er trotz seiner neunzig Jahre immer noch als Generalgouverneur des Königreiches Lombardo-Venetien und auch als Kommandierender General der Zweiten k. k. Armee tätig war.

Liebevoll teilte der längst schon legendäre Sieger der Schlachten von Custozza und Novara seiner Tochter mit, wie er sich trotz seiner ständigen Geldprobleme für ihre finanzielle Absicherung nach seinem Ableben bemüht hätte usw.

Friederike und sein Sohn Theodor waren die beiden einzigen der acht Kinder Radetzkys, die zu diesem Zeitpunkt noch am Leben waren, alle anderen sind frühzeitig verstorben.

So weit wäre also die rührend formulierte Korrespondenz eines liebenden Vaters klar und mehr als verständlich. Eigenartig ist nur der wenig intime Abschied in den Briefen an die Tochter. Unterschrieb er doch jeden einzelnen mit den schwungvoll hingekritzelten Worten: »Dein Dich liebender Vater Radetzky, Feldmarschall.«

Als »Held von Aspern« ist Österreichs Erzherzog Karl in die Geschichte eingegangen. Immerhin hatte Napoleon durch ihn im Mai 1809 seine erste Niederlage erlitten. Dafür erhielt Karl ein Reiterdenkmal auf dem Wiener Heldenplatz. Jahrzehnte danach besichtigt der Erzherzog mit seinem Obersthofmeister Gudenus das Denkmal. Fragt der Baron: »War's denn wirklich so, damals in Aspern?«

Darauf Karl: »Aber mein Lieber, schaun S' mich doch an, was ich für ein kleines, schwaches Manderl bin! Ich hätt' doch die schwere Fahne gar nicht derheben können. Beim Zipfel hab' ich's gehalten, beim Zipfel!«

# Der Kaiser will kein Esel sein

General Anton Galgótzy, ein Original unter den Offizieren der k. u. k. Armee, versah seinen Dienst für den Kaiser viele Jahre lang in Przemysl und galt noch in seiner aktiven Zeit als Legende. Von Kleidervorschriften hielt er nichts. Während andere hohe Offiziere Rock und Hosen von Wiens Nobelschneider Kniže anmessen ließen, telegrafierte er nur aus dem fernen Galizien in die Wiener Heeres-Monturanstalt. »Schicket Uniform für mittelgroßen Generalfeldmarschall!«

Als der Verächter jeglicher Form von Bürokratie vom Kriegsministerium beauftragt wurde, die Kosten für den Aufbau der Festung Przemysl – die dann im Ersten Weltkrieg eine wichtige Rolle spielen sollte – detailliert anzugeben, sandte er nur eine pauschale Geldforderung ohne nähere Aufschlüsselung mit dem knappen Vermerk nach Wien: »Wer das nicht glauben will, ist ein Esel!«
Betreten erschien der Kriegsminister mit dem Schreiben vor Kaiser Franz Joseph. Der lächelte nur und sagte: »Ich glaub's!«

Zur Jahrhundertwende – der Feldzeugmeister Galgótzy hatte inzwischen das Pensionsalter erreicht – sollte er in den wohlverdienten Ruhestand treten. Doch da keiner seiner Vorgesetzten den Mut aufbrachte, dies dem begeisterten General beizubringen, ließ ihn der Kaiser nach Schönbrunn kommen. Auch dem Monarchen fiel es nicht leicht, Galgótzy von der bevorstehenden Pensionierung zu informieren. So bat er ihn vorerst, Platz zu nehmen (was sonst nie vorkam, denn Audienzbesucher mußten vor ihrem Kaiser immer stehen), und rauchte mit seinem Gast eine Zigarre. Um ihm die Schreckensnachricht möglichst schonend beizubringen, eröffnete Franz Joseph das Gespräch mit den Worten: »Also, mein lieber General, alt sind wir geworden.«

Darauf Galgótzy: »Ja, Majestät. Und blöd!«

Franz Joseph brachte es nicht übers Herz, Galgótzy in Pension zu schicken. Der alte General blieb bis in sein 72. Lebensjahr aktiv.

Zu den elegantesten Veranstaltungsorten in der steirischen Metropole zählte das Grazer Offizierskasino, in dem bis zum Jahre 1914 ebenso rauschende wie ausgelassene Feste abgehalten wurden. Natürlich nahmen auch die schönsten Mädchen der Stadt daran teil.

Auf der – vorgedruckten – Einladungskarte fand sich bezeichnenderweise die (tatsächliche) Adresse des Etablissements: »Offizierskasino Graz, Eingang Jungferngasse, Ausgang Frauengasse.«

## General Lehár

Jeder kennt Franz Lehár, doch der Name Anton Lehár ist weitestgehend unbekannt. Während aber Franz, der Schöpfer der *Lustigen Witwe*, zeitlebens ein bürgerlicher »Herr Lehár« blieb, wurde Anton in den Freiherrnstand erhoben.

Der Bruder des Komponisten brachte es zum General und diente im Ersten Weltkrieg als Regimentskommandant am Isonzo. Aufgrund seiner militärischen Verdienste von Kaiser Karl mit dem Maria-Theresien-Orden ausgezeichnet, wurde er damit automatisch Freiherr.

General Lehár hielt dem Kaiser über dessen Sturz hinaus die Treue und beteiligte sich 1921 am zweiten Restaurationsversuch, worauf er in die Tschechoslowakei und nach Deutschland flüchten mußte.

Selbst musikalisch – der Vater der Brüder war Militärkapellmeister, und Anton spielte Geige –, wandte er sich nach dem Ende seiner Offizierslaufbahn dem Musikmanagement zu. Als Direktor des *Verbandes zum Schutz musikalischer Aufführungsrechte* lebte er in Berlin, ehe ihn die Nazis des Postens enthoben. 1933 gründete er einen Musikverlag in Wien, den er bald seinem Bruder übergab, um sich in Niederösterreich als Landwirt niederzulassen.

Anton hatte ein gutes Einvernehmen mit Franz Lehár, der ihm 1918 sogar einen Marsch widmete. »Lieber Toni«, schrieb ihm der Komponist an die Front, »noch nie bin ich mit solch einer Begeisterung an die Arbeit gegangen wie beim *Baron Lehár Marsch*. Dir damit eine Freude bereitet zu haben, ist mein schönster Lohn. Wenn es einmal, so Gott will, wieder ein Zusammensein gibt, dann will ich ihn Dir vorspielen, und die Nachwelt wird sich bereits ein sicheres Urteil gebildet haben, was Ihr Braven im Weltkrieg geleistet habt. Innigst Dein Franz.«

Finanziell half der reiche Komponist seinem oft in Armut lebenden, um drei Jahre älteren Bruder kaum. In den Erinnerungen* des Generals schreibt Anton Lehár: »Die Unterstützungen seitens meines Bruders waren gering. Seine Frau überwachte seine Ausgaben, und wenn er mir (1922) tausend Kronen zusteckte, so fiel der Wert des Geldes rapide.« Die tausend Kronen kamen in der Inflationszeit zehn Groschen gleich!

Nach Franz Lehárs Tod im Jahre 1948 nahm sich Anton des künstlerischen Nachlasses des Komponisten an und bewohnte fortan dessen *Lehárschlößl* in der Nußdorfer Hackhofergasse.

Anton Lehár starb 1962 im Alter von 95 Jahren.

Michael Jeannée interviewte Österreichs damaligen Armeekommandanten Emil Spannocchi. Am Ende des Interviews machte der General seinem Ärger über manch unangenehme Frage Luft: »Sind S' mir nicht bös' und nehmen S' es nicht persönlich, Herr Jeannée, aber Ihr Beruf ist die Pest des Jahrzehnts!«

Da replizierte Jeannée: »Herr General, sind Sie mir ebenfalls nicht bös', wenn ich sage, Ihr Beruf war die Pest des Jahrhunderts!«

---

* Herausgegeben von Peter Broucek

116

# »Wenn der mein hohes C hätte . . .«
## Von den kleinen Sorgen großer Sänger

*»Meister, welche Methode des Gesangsunterrichts
halten Sie für die beste?«*
*»Die, bei der das Honorar im vorhinein bezahlt wird.«*

RODA RODA

## »Das sind Folterkammersänger«

Er hat drei Karrieren geschafft, war Opernsänger, Filmstar und Schriftsteller. Dabei sah es ursprünglich so aus, als bliebe Leo Slezak erfolglos. Nach seinem *Lohengrin*-Debüt konnte man in einer Zeitung lesen: »Herr Slezak sieht aus wie ein junges Mädchen und singt wie ein alter Mann. Seine Stimme scheint ursprünglich ein schwächlicher Bariton gewesen zu sein, der dann zum Tenor in die Höhe getrieben wurde. Die erstrebte Höhe hat sich zwar nicht erreichen lassen, hingegen ist die Mittellage vollkommen verblaßt, und so befindet sich der Sänger in der bedauerlichen Lage, weder oben noch in der Mitte und in der Tiefe kräftige Töne zu besitzen …«

Dieser »Versager« zählte bald zu den größten Tenören seiner Zeit. Dank seines Humors und seiner Menschlichkeit bleibt er aber auch durch viele Anekdoten lebendig. So erinnerte er sich an den berühmten Sänger Theodor Reichmann, mit dem er in den *Meistersingern* auf der Bühne der Wiener Hofoper stand: »Theodor hatte die Gewohnheit, wenn das Auditorium tobte und begeistert seinen Namen rief, die Hände auszubreiten und in überströmender Freude ›Meine lieben Wiener!‹ zu sagen.« Gemeinsam mit einem Kollegen beschloß der stets zu Streichen aufgelegte Slezak eines Abends,

Reichmann beim Bedanken die Hände festzuhalten. »Der Jubel im Hause war groß, Theodor suchte seine Hände frei zu bekommen« – doch Slezak ließ ihm keine Chance . . .

Obwohl Reichmann sehr gutmütig war, geriet er während einer *Tell*-Vorstellung in Wut, weil der Souffleur, statt ihm den Text einzuflüstern, seine Brille putzte. Als der Vorhang fiel, verlangte Reichmann vom Direktor, der Souffleur müsse gekündigt werden. Am nächsten Abend flehte der Souffleur um Entschuldigung: »Ich habe gefehlt – aber ich bin ja auch nur ein Mensch.« Reichmann, der Gutmütige, ließ den Souffleur nicht nur nicht feuern, sondern flüsterte seinem Garderobier noch zu: »Powolny, gib dem armen Kerl fünf Gulden!«

## Philharmonische Blinddarmoperation

Zu eben jenem Garderobier in der Staatsoper sagte Slezak einmal: »Heut' nacht hab' ich von Ihnen geträumt. Wenn das noch einmal vorkommt, kriegen S' a Watschen!«

Ein aus bekannten Wiener Medizinern bestehendes Ärzteorchester, das immer wieder prominente Künstler zur Mitwirkung einlud, bat einmal Slezak darum, bei einem Konzert dieses Orchesters zu singen. Slezak sagte mit den Worten ab: »Bevor ich mich vom Ärzteorchester begleiten lasse, lasse ich mir lieber von den Philharmonikern den Blinddarm herausnehmen.«

Von der jüngeren Sängergeneration hielt Slezak wenig: »Leute, die einen Haustorschlüssel nicht von einem Violinschlüssel unterscheiden können, nennen sich heute beharrlich Kammersänger. Das sind Folterkammersänger!«

Nachweislich nicht von Slezak ist hingegen »sein« wohl berühmtester Ausspruch. Als Bühnenarbeiter während einer *Lohengrin*-Aufführung vergessen hatten, den Schwan auf die Bühne zu ziehen und der Tenor auf dieses wichtige Requisit warten mußte, hätte er schlagfertig und zum Gaudium des Publikums gerufen: »Wann, bitte, geht der nächste Schwan?«
In Wahrheit hat den Gag bereits der Tenor Joseph Tichatschek (1807 bis 1886) geliefert. Er war der erste Interpret dieser Rolle überhaupt. Slezak kann den Satz also bestenfalls wiederholt haben.

## Wer weiß, wie lange Sie schon tot sind …

Auch Erik Schmedes war am Beginn des Jahrhunderts einer der großen Tenöre der Wiener Hofoper, aber er war auch, so sagt man – von schlichtem Gemüt. Und damit natürlich das ideale Opfer für seinen stets zu Späßen aufgelegten Kollegen Slezak. Der sah wieder einmal seine Stunde gekommen, als die Oper *Armida* von Christoph Willibald Gluck zur Aufführung gelangte.
Nach der großen, von Schmedes gesungenen Arie des Rinaldo brachte Slezak einen Herrn mit langem, weißen

Bart auf die Bühne, den er ihm folgendermaßen vorstellte: »Mein lieber Schmedes, darf ich bekannt machen: Das ist Herr Gluck, der Komponist!«

Gluck dankte dem Sänger für die hinreißende Wiedergabe seines Werkes, und Schmedes, berauscht vor Glück, erzählte am nächsten Morgen im Kaffeehaus, daß Meister Gluck persönlich bei ihm gewesen sei und ihm seine Bewunderung gezeigt hätte.

Alles lachte sich schief, und endlich erfuhr Schmedes, daß Gluck schon seit hundert Jahren tot war.

Das Schicksal sollte sich als unbarmherzig erweisen. Denn einige Zeit später stand die Oper *Der Bajazzo* auf dem Spielplan. Der Komponist Ruggiero Leoncavallo, der sich auf der Durchreise in Wien aufhielt und an diesem Abend der Vorstellung seines Meisterwerks in der Loge des Operndirektors beiwohnte, ließ sich am Ende der Darbietung hinter die Bühne führen, um Erik Schmedes mitzuteilen, wie gut ihm dessen Interpretation der Titelfigur gefiel.

Auf Schmedes strömte nun eine in italienischer Sprache gehaltene Lobeshymne ein, bis der Sänger den ihm fremden Herrn unterbrach: »Verzeihung, wer sind Sie denn überhaupt?«

»Ich bin Maestro Leoncavallo«, antwortete der Komponist erstaunt darüber, daß ihn der Held seiner Oper nicht erkannt hatte.

»Also, das eine kann ich Ihnen sagen«, entgegnete der vorsichtig gewordene Erik Schmedes, »mit mir werden Sie solche Scherze nicht machen. Wer weiß, wie viele hundert Jahre Sie schon tot sind.«

Sprach's und ließ den fassungslosen Komponisten allein hinter der Bühne stehen.

Es war eine der Sternstunden des genialen »Schmäh-
führers« Leo Slezak.

Ein anderes Mal weckte Slezak seinen Rivalen Schmedes mitten in der Nacht: »Hallo, Herr Kammersänger«,
meldete sich Slezak mit verstellter Stimme am Telefon,
»hier ein großer Verehrer von Ihnen. Singen Sie morgen
den *Lohengrin?*«
Schmedes antwortete im Halbschlaf: »Ja, natürlich!«
Darauf der Anrufer: »Na, dann warte ich lieber bis zum
nächsten Mal, wenn ihn der Slezak wieder singt. Gute
Nacht!«

## Ein eleganter Bettler

Slezak besuchte Schmedes in der Pause der Oper *Die
Walküre*, in der Schmedes den Sigmund sang. Anerken-
nend klopfte ihm Slezak auf die Schulter: »Also, Schmedes, ich versteh' die Leut' nicht. Alle im Zuschauerraum
schimpfen. – *Mir* hast du gefallen!«

Schmedes' Tochter Dagmar charakterisierte die beiden
Sänger so: »Slezak ist nur ein Sänger. Mein Vater aber
ist ein Künstler!«
Als man Slezak den Satz hinterbrachte, replizierte er:
»Also, wenn der Schmedes mein hohes C hätt', dann
wär' er auch lieber nur ein Sänger!«

Abends im *Evangelimann* in Brünn engagiert, sollte Schmedes am nächsten Vormittag an der Wiener Hofoper zur Probe erscheinen. Deshalb mußte er den unmittelbar nach der Vorstellung vom Brünner Hauptbahnhof um 22.30 Uhr abfahrenden Schnellzug nach Wien erreichen. Schmedes hatte aber nicht damit gerechnet, daß der Dirigent eine besonders schleppende Stabführung hatte und so die Vorstellung viel länger, bis viertelelf, dauerte. Umziehen und abschminken war nicht mehr möglich, also packte er seinen Privatanzug ein und nahm ein Taxi. Als er so, im Armeleutkostüm und mit Bettlermähne, aber mit elegantem Schweinslederkoffer, über den Perron hetzte, rief ein Polizist »Haltet den Dieb«. Der vermeintliche »Taschelzieher« stieß den Beamten beiseite und sprang in den Zug, der im selben Augenblick Richtung Wien abfuhr.

In der nächsten Station erschienen zwei Polizisten mit Handschellen, um den Verdächtigen festzunehmen. Man entdeckte zwar den exakt beschriebenen Schweinslederkoffer – aber der Mann, der ihn jetzt in der Hand hielt, war kein Bettler, sondern ein elegant gekleideter Herr, der sich noch dazu als Kammersänger Schmedes ausweisen konnte. Und er gab wahrheitsgemäß zu Protokoll, daß ihm der Koffer keineswegs entwendet worden war.

Womit die »Amtshandlung« beendet war. Den Beamten aber blieb bis zum Ende ihrer Tage ein Rätsel, wie der flüchtige Bettler zwischen zwei Stationen entkommen konnte.

# Liebesduett mit Knoblauch

Eberhard Waechter, der unvergessene Bariton, der im letzten Jahr seines Lebens Direktor der Wiener Staatsoper war, konnte seine Kollegin Lisa della Casa nicht leiden. Wann immer sie in *Arabella* seine Partnerin war, nahm Waechter eine Zehe Knoblauch zu sich. Das Publikum wunderte sich an diesen Abenden, daß »Arabella« während des Liebesduetts zu Eberhard Waechters »Mandryka« stets eine eigenartige Distanz hielt ...

Mitte der fünfziger Jahre war der Dirigent und Komponist Franz Salmhofer auch Direktor der Wiener Volksoper. Und Oskar Czerwenka zählte zu den jungen, aufstrebenden Talenten des Ensembles. Nur die Höhe seiner Gage entsprach noch nicht den großen Rollen, die er zu verkörpern hatte.

Salmhofer, als Original ebenso bekannt wie als Sparmeister, hatte Czerwenka seit langem schon eine Gagenerhöhung versprochen, die Entscheidung aber immer wieder hinausgeschoben. Eines Tages mußte er dem immer heftiger werdenden Drängen des Sängers nachgeben, und es kam zum Gespräch in der Direktionskanzlei. »Ich werde das sofort erledigen«, sagte Salmhofer, und wie durch ein Wunder läutete in diesem Moment das Telefon. »Servus Ernstl«, Salmhofer hielt den Telefonhörer zu und sagte zu Czerwenka: »Das ist der Marboe, jetzt wirst du sehen, wie ich mich für dich einsetze!« – Ernst Marboe war Chef der Bundestheater. »Also paß auf, Ernstl«, schnaubte Salmhofer ins Telefon, »auch wenn du mich gerade aus Paris anrufst und das Gespräch sehr, sehr teuer wird: Ich habe eine wichtige Sache mit dir zu besprechen. Neben mir sitzt der Oskar Czerwenka, eine der Stützen unseres Hauses, vielleicht die wichtigste von allen. Ohne ihn könnten wir den Betrieb gar nicht aufrecht halten. Und bei dem ist eine saftige Gagenerhöhung längst fällig. Ich verlange von dir, sagen wir ...«

Salmhofer wurde von seinem Gesprächspartner offensichtlich unterbrochen.

»Was heißt denn das, den Gürtel enger schnallen?« erwiderte der Direktor. »Der Staat soll gefälligst woanders sparen und nicht bei seinen bedeutenden Künstlern. Absoluter Gehaltstopp, kommt von ganz oben? – Skandal!«

Salmhofer legte den Hörer auf und sagte zu Czerwenka: »Tut mir leid, Oskar, aber du hast selbst gesehen, ich hab' gekämpft für dich wie ein Löwe, sogar in Paris hab' ich's dem Marboe gesagt. Aber ich werde weiter für dich kämpfen.«

Just in diesem Moment ging die Tür auf, der Direktionsdiener Schwinghammer trat ein und sagte zu Salmhofer: »Entschuldigen, Herr Direktor, aber der Ministerialrat Marboe ist draußen und möchte mit Ihnen sprechen!«

Es stellte sich heraus, daß Direktor Salmhofer für solche Fälle unterm Schreibtisch einen Knopf installiert hatte, der ihm fingierte Telefongespräche vermittelte ...

# Nur die Farben änderten sich

Johannes Heesters war mit über achtzig Jahren immer noch als Frauenheld in der Operette tätig. Den Unterschied zu seinen einstigen Vorstellungen erklärte er so: »Früher habe ich den Danilo in der *Lustigen Witwe* im weißen Frack und mit schwarzen Haaren gesungen. Jetzt singe ich ihn im schwarzen Frack und mit weißen Haaren.«

# »Sie werden lachen, ich heiß' auch Pollak!«

## Adel verpflichtet

*»Wir Österreicher blicken vertrauensvoll in unsere Vergangenheit.«*

KARL FARKAS

## »Früher hat man so etwas nur im Bett gemacht«

So mancher Monarch begann seine Regentschaft bereits im Alter von sechs, acht, zwölf oder (wie Kaiser Franz Joseph) mit achtzehn Jahren. Auf die Frage, weshalb ein König früher regierungsfähig als heiratsfähig sei, antwortete Österreichs Staatskanzler Clemens Fürst Metternich: »Weil es viel leichter ist, ein Volk zu regieren als eine Frau!«

Pauline Metternich war eine Enkelin des ebenso legendären wie gefürchteten Kanzlers. Und mit ihrem Ehemann Richard Metternich war sie direkt und sehr nahe verwandt – er war ein Halbbruder ihrer Mutter. Nach ihrer Hochzeit kommentierte Fürstin Pauline diesen Umstand mit den Worten: »Zuwider an der Hochzeit ist mir nur, daß ich jetzt meine eigene Tante bin.«

Dieselbe Pauline Metternich – schon im vorigen Jahrhundert ein berühmtes Wiener Original – bemerkte, als sie auf einer Gesellschaft zum ersten Mal Tango tanzende Paare sah: »Früher hat man solche Bewegungen nur im Bett gemacht!«

Als man der hochbetagten Fürstin den gerade badenden Enkel einer Jugendfreundin zeigte, beugte sie sich über das Kind und sagte melancholisch: »Wenn ich mich recht erinnere, ist das ein Knabe!«


## »Mein Sohn hat einen reichen Vater«


Als der alte Rothschild, der als reichster Mann der Welt galt, einmal im Hotel *Imperial* abstieg und ausdrücklich »um ein ganz gewöhnliches Zimmer« bat, sagte der Portier indigniert: »Aber Herr Baron, Ihr Sohn wählt immer die Fürstensuite.«
»Tja«, sagte Rothschild, »mein Sohn hat ja auch einen reichen Vater!«

Besonders beliebt waren in der Monarchie die sogenannten »Prädikate«, die Frischgeadelte an ihren bürgerlichen Namen hängen durften. Da hieß einer plötzlich Johann Huber von Prinzenbach oder Emmerich Pribil von Greifenwald. Als einmal vier Herren im Zug von Ischl nach Wien fuhren, stellte sich der erste Reisende vor: von Bergheim, der zweite: von Meyendorff, der dritte: von Birkenstein. Worauf der vierte sagte: »Sie werden lachen, meine Herren, ich heiß' auch Pollak!«

Ein Fabrikant namens Graf war eben geadelt worden, da begrüßte ihn der Bürodiener: »Guten Morgen, Herr von Graf!« Darauf der Chef: »Mein lieber Novak, wir kennen uns schon so lange – Sie können weiterhin ›Herr Graf‹ zu mir sagen!«

## Ein frühes »Watergate«

Alexander Graf Mensdorff-Pouilly war Minister im Kabinett Kaiser Franz Josephs. Und er war ein Cousin der Queen Victoria, die ihn sogar heiraten wollte, was freilich vom britischen Parlament abgelehnt wurde, weil er »nur Graf« war.

Die verwandtschaftliche Beziehung zu den Windsors war jedenfalls der Grund, daß Kaiser Franz Joseph den Grafen Mensdorff 1864 zu sich rief, um ihm die Stelle des Außenministers anzubieten. Der Graf wandte ein: »Majestät, ich bin Offizier, aber kein Diplomat!«

Am nächsten Tag holte ihn der Kaiser neuerlich in die Hofburg, und der Graf wehrte sich ein weiteres Mal. Nun befahl Franz Joseph: »Sie werden Außenminister!«

Mensdorff mußte den Posten widerwillig annehmen. Seine rühmlichste Tat: er warnte den Kaiser in weiser Voraussicht vor der Schlacht von Königgrätz. Hätte man auf ihn gehört, wäre Österreich-Ungarn eine der schlimmsten Niederlagen seiner Geschichte erspart geblieben.

Mensdorffs zweijährige Tätigkeit in der Regierung endete freilich mit einem Eklat: Er war mit dem deutschen Reichskanzler Otto von Bismarck zu Verhandlungen auf Schloß Nikolsburg zusammengetroffen. Als

Bismarck dort eines Abends sein Arbeitszimmer betrat, ertappte er den k.u.k. Außenminister, wie dieser höchstpersönlich in seinen geheimen Unterlagen »stöberte«. Bismarck verlangte die sofortige Entlassung des Grafen Mensdorff, weil dieser illegal in sein Zimmer eingedrungen war.

Ein kleines »Watergate« des vorigen Jahrhunderts.

Als Mensdorff nun seinen ungeliebten Posten verlassen mußte, soll er gesagt haben: »Wenn ich das gewußt hätte, wäre ich schon längst in Bismarcks Zimmer eingestiegen.«

Anstatt die Queen zu heiraten, ehelichte der Graf die Fürstin Alexandrine Dietrichstein-Nikolsburg. Als diese 1869 starb, nahm er deren Namen an, den diese in erster Ehe selbst »erheiratet« hatte. Und so trug Graf Mensdorff kurioserweise fortan den Namen des ersten Mannes seiner verstorbenen Frau.

## Ein Fürst auf zwei Sesseln

Gloria Thurn und Taxis, die Dame mit der Turmfrisur, galt lange als schwarzes Schaf der fürstlichen Familie. Aber sie ist nicht das erste und einzige. In der Geschichte des jahrhundertealten, ursprünglich aus Österreich stammenden Geschlechts, gab es einige, die sich nicht immer allzu aristokratisch verhielten. Im vorigen Jahrhundert etwa sorgte ein Thurn und Taxis aus der Wiener Linie für ungeheures Aufsehen, als er sich in ein

131

Stubenmädel verliebte und deshalb aus dem Familienverband ausgeschlossen wurde.

»Baron Troskov«, wie sich der Prinz infolge der Mésalliance fortan nennen mußte, hatte freilich einen Bruder, der als Held in die Familiengeschichte einging: Emmerich Thurn und Taxis war Chef der Leibgarde Kaiser Franz Josephs, den er als jungen Erzherzog in seine erste Schlacht (bei Santa Lucia) geführt hatte. Emmerich war eine populäre Figur im alten Wien, jedermann erkannte ihn sofort, trug er doch eine schwarze Binde am linken Auge, nachdem ihm bei der Revolution des Jahres 1848 eine Kugel die Augenhöhle durchbohrt hatte. Später verließ er die Armee, um dagegen zu protestieren, daß auch Bürgerliche und Angehörige des Kleinadels höchste militärische Ehren erlangen konnten. Wie sein verstoßener Bruder etwa.

Die Thurn und Taxis, durch jahrhundertelanges Postmonopol reich geworden, waren große Mäzene. Der Wiener Zweig förderte Friedrich Smetana, den Schöpfer der *Verkauften Braut*, und im Salon in der Rainergasse auf der Wieden verkehrten Hugo von Hofmannsthal, Max Mell, Rainer Maria Rilke, Max Reinhardt.

Und mit den Habsburgern waren sie verwandt, die Thurn und Taxis: Franz Joseph sollte ja ursprünglich nicht seine »Sisi«, sondern deren ältere Schwester Helene heiraten. Nachdem ihr der Kaiser wegen der schönen Elisabeth einen Korb gegeben hatte, ehelichte Helene den Prinzen Maximilian Thurn und Taxis, wodurch die Familie mit dem Kaiserhaus verschwägert war.

Kaiser Franz Joseph verdanken wir auch die berühmteste Thurn und Taxis-Anekdote: Ein Mitglied der Familie sei in Audienz in der Hofburg erschienen. Der Monarch saß über seinen Akten und blickte kaum auf, als der Aristokrat eintrat. Der Fürst räusperte sich, um auf sich aufmerksam zu machen. Gedankenverloren wies ihn Franz Joseph an: »Nehmen Sie doch einen Sessel.« Betroffen über die geringe Beachtung, sagte der Fürst laut und deutlich: »Majestät, ich bin der Fürst von Thurn und Taxis.«

»Ja dann«, meinte der Kaiser, »dann nehmen S' halt zwei Sessel.«

Willy Thurn und Taxis, langjähriges Oberhaupt des Wiener Zweiges, relativierte den Wahrheitsgehalt der kleinen Geschichte: »Bei den Audienzen des Kaisers ist man nie gesessen.«

## Der letzte Graf

Österreichs letzter Kaiser hatte den Spitznamen »Sehadler« – denn jeden, den er gesehen hat, so sagte man, den hat er auch gleich geadelt. Tatsächlich war es bei Kaiser Karl leichter, als bei seinem Vorgänger Franz Joseph, mit dem begehrten »von« ausgezeichnet zu werden. Besonders weit brachte es General Viktor Dankl, den Karl 1917 zum Freiherrn und am 10. November 1918 gleich auch noch zum Grafen ernannte – womit er der letzte in den Grafenstand erhobene Österreicher war. Denn am Tag danach gab es keine Monarchie mehr. Der General durfte nur ein einziges Dokument mit seinem schönen, neuen Titel unterschreiben.

Als er den Akt mit »Dankl, Graf« signiert hatte, ermahnte ihn sein Adjutant: »Exzellenz, man schreibt ›Graf Dankl‹ und nicht ›Dankl, Graf‹!« Österreichs letzten Grafen ließ das kalt: »Für andere Leute mag das stimmen. Ich aber war zuerst Dankl und dann Graf.« 24 Stunden später hatte sich das Problem erübrigt.

Denn die Republik untersagte das Führen aller Adelstitel. Und so ließ sich der Graf Sternberg 1919 Visitenkarten drucken, auf denen stand: »Adalbert Sternberg, geadelt von Karl dem Großen, entadelt von Karl Renner.«

# »Ich kann ja Noten lesen«
## Dirigenten und ihre Schwächen

*»Früher gingen die Leute ins Konzert,*
*um Musik zu hören, heute*
*gehen sie hinein, um Dirigenten zu sehen.«*

PAUL HÖRBIGER

## Mit den Philharmonikern ins Grab

Wilhelm Furtwänglers Taktschläge waren bei allen Orchestern gefürchtet. Er soll fünfzehn Kreise gezogen haben, ehe er endlich den Einsatz gab. Niemand wußte genau, wie dieser Einsatz zustande kam, aber er war dann einfach da.

Als einmal ein Wiener und ein Berliner Philharmoniker zusammentrafen, fragte der Wiener: »Wann setzt ihr bei Furtwängler eigentlich ein?«

»Wir haben das genau berechnet«, sagte der Berliner. »Wir warten so lange, bis sein Taktstock mit dem Pultrand einen rechten Winkel bildet – und dann zack! Und wann setzt ihr in Wien ein?«

Darauf der Wiener: »Wann's uns z'blöd wird!«

Clemens Krauss, der 1924 das erste Neujahrskonzert der Wiener Philharmoniker dirigierte, hatte gehört, daß ein junger Kollege namens Rudolf Moralt »im Kommen« sei. Als Krauss seinen Kollegen Hans Knappertsbusch traf, fragte er ihn ein wenig eifersüchtig, ob ihm das auch zu Ohren gekommen sei.

»Doch, doch«, erwiderte Knappertsbusch. »Der ist besser als ich. Und fast so gut wie Sie.«

Am 27. April 1945 fand – wieder unter Clemens Krauss – das erste Nachkriegskonzert der Wiener Philharmoniker statt. Ihre vielumjubelten Auftritte nach dem Krieg absolvierten die Musiker übrigens keineswegs für bare Münze. Sie wurden vielmehr in Naturalien bezahlt: Mitunter mit einer Stange Wurst oder auch mit einer Portion Grammelschmalz.

Ein italienischer Dirigent, der nicht der allerersten Garnitur angehörte, gastierte in Wien. Fragte jemand noch vor dem Konzert den Cellisten Buxbaum – ein als witzig bekanntes Mitglied der Wiener Philharmoniker –, was denn der ausländische Kapellmeister dirigieren werde.
»Was er dirigiert, waß i net«, antwortete Buxbaum, »mir spielen *Die Fünfte* von Beethoven.«

Richard Strauss dirigierte, als er achtzig wurde, ein Festkonzert der Wiener Philharmoniker. Wie immer spielte das Orchester ganz nach dem Herzen des Komponisten.
»Kinder«, sagte der alte Herr bei einer Probe, »es ist schad', daß ich euch nicht ins Grab mitnehmen kann. Dort könnten wir so schön weitermusizieren.«


## »Hier irrte Puccini«


Zahlreiche Anekdoten ranken sich um Maestro Herbert von Karajan, der jahrzehntelang das Musikleben zwischen Wien, Salzburg und Berlin, aber auch vieler anderer Städte in aller Welt beherrschte.

Für besonderes Aufsehen sorgte seine »Watschenaffäre« bei den Salzburger Festspielen 1960: ein Pressefotograf hatte Karajan während einer Probe »angeblitzt«, worauf diesem »die Hand ausrutschte«. Die Aufregung war groß, Kritiker meinten, die Festspiele würden mit Steuergeldern finanziert, also hätte die Öffentlichkeit ein Recht darauf, über die Arbeit der Künstler in Bild und Ton informiert zu werden. Das Festspielpräsidium suchte nach einem diplomatischen Ausweg. Und fand diesen: Herr von Karajan habe – wurde verlautbart – den Fotografen »mit der Hand getroffen, als er den rechten Arm zum Schutze seiner lichtempfindlichen Augen hochriß«.

Als die Wiener Philharmoniker etwas später in der italienischen Stadt Bari ein Konzert gaben, wurde Karajan – diesmal ohne es zu bemerken – wieder von einem Fotoreporter geknipst. Flüsterte der erste Kontrabassist dem Übeltäter zu: »Verschwinden S' lieber, mir ham nämlich a lockere Hand!«

Auch an der Mailänder Scala gab es einen aufsehenerregenden Zwischenfall. Karajan dirigierte Giacomo Puccinis *La Bohème* und verlangte plötzlich, daß der Tenor Giuseppe di Stefano durch den Sänger Gianni Raimondi ersetzt würde, weil di Stefano die berühmte Arie *Wie eiskalt ist dein Händchen* in einer der Vorstellungen »mit zu wenig Inbrunst« interpretiert hätte.

Als die Scala-Direktion zu vermitteln versuchte und

einwandte, daß di Stefano die Arie genau wie von Puccini vorgeschrieben gesungen hätte, da protestierte Karajan mit den Worten: »Hier irrte Puccini!«

## Der Künstlername des Herrn Karajan

Als man Hildegard Knef, die eine Aufführung in der Staatsoper besuchte, bat, sich ins Goldene Buch des Hauses einzutragen, fiel ihr ein auf der Vorderseite stehendes Autogramm Herbert von Karajans auf. »Sieht eher nach EKG als nach Unterschrift aus«, sagte sie, ehe sie zum eigenen Namenszug ansetzte.

Einmal wurde angefragt, warum der Sohn des letzten Kaisers in der Republik als »Herr Dr. Habsburg« tituliert würde, der Dirigent jedoch als »Herr *von* Karajan«. Die Antwort der zuständigen Behörde war sehr österreichisch: »Herbert von Karajan ist der Künstlername des Herrn Karajan.«

Befragt nach dem Unterschied zwischen seinem Wiener und seinem Berliner Orchester, antwortete Karajan: »Wenn ich von den Berliner Philharmonikern verlange, alle Musiker sollen den rechten Fuß um zehn Zentimeter vorschieben, dann geschieht das sofort. Die Wiener Philharmoniker würden nach dem Grund fragen oder erklären, schon seit Gustav Mahler sei es Tradition, den Fuß beim Spiel weiter hinten aufzustellen. Verstehen Sie, es geht mir nicht um den Fuß, es geht mir um die Disziplin bei der Arbeit.«

Auch ein japanischer Journalist wollte einmal wissen, ob Karajan lieber mit den Wiener oder mit den Berliner Philharmonikern arbeitete. Des Maestros Antwort: »Es geht mir wie einem Mohammedaner mit zwei Lieblingsfrauen: Sein Herz ist weit genug, beiden seine Zuneigung zu schenken.«

Als Mirella Freni nach einer besonders gelungenen Bohème-Aufführung mit Komplimenten überschüttet wurde, sagte sie: »Was wollen Sie, es ist unmöglich, unter Karajan nicht gut zu sein!«

# »Die Zauberflöte« auf deutsch

Mitunter ist's eine Wissenschaft, zu erkennen, wann – sei es in der Oper oder im Konzert – das Einsetzen des Applauses erlaubt ist und wann nicht. Man darf nämlich nur dann in die Hände klatschen, wenn das Stück oder ein Satz beendet ist. Als Karajan im Jänner 1962 in Wien Tschaikowskis *Fünfte Symphonie* dirigierte, setzte ebenso frenetischer (wie verfrühter) Applaus ein. Maestro und Orchester waren so überrascht, daß sie nicht weiterspielten. Als der Jubel verebbte, dirigierte Karajan zu Ende. Nicht ohne sich vorher an das Publikum zu wenden: »Entschuldigen Sie einen Moment, aber wir spielen jetzt noch den Schluß.«

Karajan fragte einmal einen Kollegen, warum er Bruckners *Achte*, die er schon so oft aufgeführt hatte, immer noch mit der Partitur und nicht auswendig dirigierte. Worauf der Kollege spitz antwortete: »Ich kann ja Noten lesen!«
Die Pointe bezieht sich darauf, daß Karajan selbst meist ohne ins Blatt zu schauen und mit geschlossenen Augen dirigierte. Ein Kritiker schrieb: »Wie gut müßte er erst sein, hätte er die Augen offen.«

In Karajans Direktionszeit wurde immer wieder bemängelt, daß allzu viele Opern in der Originalsprache aufgeführt und daher von den Besuchern nicht verstanden würden. Verdi und Puccini ließ er auf italienisch, Bizet und Débussy auf französisch spielen. Als dann noch Mussorgskys *Boris Godunov* in russischer Sprache aufgeführt wurde, bemerkte ein Mitglied der Wiener Philharmoniker mit beißendem Spott: »Am Ende kommt's noch soweit, daß der Chef *Die Zauberflöte* auf deutsch singen läßt.«

Karajan wünschte sich während einer Probe von den Cellisten der Berliner Philharmoniker mehr Einsatz. Als die Musiker einwandten, sie müßten auf altem, abgenütztem Notenpapier spielen, entgegnete der Maestro: »Das kommt mir so vor, als würde der Kellner einem Gast, der sich über ein zähes Schnitzel beklagt, das Angebot machen, ein schärferes Messer zu bringen.«

## Einbrecher im Hause Karajan

Anfang der sechziger Jahre, während seiner Zeit als Direktor der Staatsoper, wurde Karajans Wiener Villa von einem Einbrecher heimgesucht. Der Dirigent ertappte den ungebetenen Gast auf frischer Tat, worauf es zu einer handgreiflichen Auseinandersetzung kam, bei der Karajan am Auge verletzt wurde.
Wie sich herausstellte, handelte es sich bei dem Täter um einen »Prominenteneinbrecher«, denn er war zuvor schon einmal in Brigitte Bardots Haus in Frankreich eingedrungen. Der Mann wurde festgenommen, und Karajan dirigierte am nächsten Tag an der Mailänder Scala.

Bei der Opernkrise des Jahres 1964 schaltete sich der damalige Bundeskanzler Josef Klaus in die Verhandlungen mit Karajan ein. Im Verlauf des Gesprächs bot Dr. Klaus dem Opernchef eine Zigarre an und bemerkte dazu: »Die zieht fast so gut wie Ihr Name!«

Ein Kritiker schrieb – nachdem bei einem Konzert des für seine Präzision berühmten Dirigenten im Orchester ein kleiner »Schnitzer« passiert war – er habe aufgeatmet, als endlich ein Einsatz nicht hundertprozentig exakt kam, »weil dadurch das Konzert eine menschliche Note erhielt«.

1964, bei seinem unsanften Abschied von Wien, sagte der Maestro: »Wenn man heute nachrechnet und klagt, das war so teuer beim Karajan, dann kann ich nur sagen: Es war auch sehr gut!«

Als er dreizehn Jahre später endlich wieder an die Staatsoper kam, die er eigentlich »nie wieder betreten wollte«, stand die halbe Stadt kopf. Nach einer *Bohème*-Vorstellung kannte der Jubel keine Grenzen, zwei Stunden lang feierten die Zuschauer Karajan und seine Interpreten Mirella Freni und José Carreras. Als dann der Eiserne Vorhang fiel, mußte er noch einmal – für 45 Minuten – hochgezogen werden, da sich das Publikum weigerte, die Oper zu verlassen.

# »Und ich muß eine neue Rolle lernen«

## Geschichten vom Theater

*»Der Unterschied zwischen einem Theater
und einem Irrenhaus besteht darin,
daß in einem Irrenhaus der Direktor normal ist.«*

HELMUT LOHNER

# Rothschild und die weinende Choristin

Wien ist eine Theatermetropole, und doch sind im Lauf der Jahrhunderte mehr Bühnen aus dieser Stadt verschwunden, als sie heute beherbergt. Da waren das Thaliatheater, das Kärntnertor- und das Freihaustheater, die als Johann-Strauß-Theater gegründete Scala, das Bürger- und das Residenztheater, Ring-, Treumann- und Stadttheater, das Strampfer- und das Carltheater ...um nur einige zu nennen.

Einen besonderen Platz in der Geschichte der Stadt nimmt das einst auf der Praterstraße gelegene Leopoldstädter Theater ein, dessen berühmtester Direktor Ferdinand Raimund war und der sechs seiner acht Zaubermärchen hier zur Uraufführung brachte. Ein anderer Autor der Vorstadtbühne war Adolf Bäuerle, der die Volksfigur des *Staberl* erfunden hatte und 1813 Sekretär des Leopoldstädter Theaters wurde. Sein Biograph Gerhard Magenheim hinterließ uns die folgende Erzählung Bäuerles:

»Der Bankier Salomon Rothschild kam täglich aus seiner Loge hinter die Leopoldstädter Bühne. Eines Abends stand er direkt neben mir. Plötzlich hörte der Baron ein lautes Schluchzen. Er wendete sich um, da stand eine alte Choristin und weinte herzzerreißend.

»Warum«, fragte Rothschild, »weint diese Frau so kläglich?«

Madame Viehweger, wie die Choristin hieß, wurde nun befragt und sie antwortete: »Ach, ich hab' alle Ursache zu weinen. Während ich hier Komödie spielen muß, nimmt mir der Hausherr meine wenigen Möbel und wirft meine kranke Mutter auf die Straße.«

»Was sind Sie dem Manne schuldig?« wollte der Baron wissen.

»Sechzig Gulden.«

Rothschild übergab der Frau zweihundert Gulden, »und die arme Choristin stürzte zu des Barons Füßen nieder und netzte seine Hände mit Tränen«.

Am nächsten Tag kam Rothschild, der das Theater über alles liebte, wieder. Und wieder wählte er den Weg aus seiner Loge hinter die Bühne.

Und der Theatersekretär Bäuerle hinterließ uns auch, welches Bild sich ihm an diesem Abend bot:

»Da weinten zwölf Choristinnen.«

Bei einer Premiere im Wiener Bürgertheater wurde ein Sitzplatz in der ersten Reihe irrtümlich zweimal vergeben. Einer der beiden Leidtragenden war Fürst Schwarzenberg. Ein Besucher, der den Vorfall beobachtet hatte, sagte zum Theaterdirektor: »Sie müssen der reichste Mann von Wien sein!«

»Wieso?«

»Weil Sie den Schwarzenbergplatz zweimal verkauft haben.«

# Vergessene Stars

Die Nachwelt«, sagt Schiller, »flicht dem Mimen keine Kränze.« Tatsächlich sind die Namen vieler Schauspieler bald nach deren Tod vergessen. Ganz wenige wie Alexander Girardi, Katharina Schratt, Josef Kainz, Oskar Werner, Hans Moser oder die Brüder Hörbiger »überlebten«. Aber keiner kennt mehr den Namen des einst prominenten Wiener Hof-Schauspielers Ferdinand Ochsenheimer, der zu Beginn des vorigen Jahrhunderts zum Vorbild für Ferdinand Raimund wurde. Ein nicht sehr begabter Kollege, wird überliefert, bewunderte Ochsenheimer auf der Bühne und rief entzückt aus: »Oh, wär' ich doch nur die Hälfte von diesem großen Künstler!« Da erwiderte der zufällig anwesende (und heute ebenso vergessene) Komiker Fritz Weidmann trocken: »Seien Sie beruhigt, die erste Silbe von ihm sind Sie schon!«

Zur selben Zeit lebte der Komiker Ignaz Schuster. Er war klein, verwachsen, hatte einen großen Buckel und ein häßliches Gesicht. Doch wenn er auf einer der vielen Wiener Volksbühnen auftrat, raste das Publikum vor Begeisterung. Auf seinem Grabstein steht: »Hier ruht Ignaz Schuster, der Tausende durch mehr als drei Jahrzehnte erheiterte und sie nur einmal betrübte. Als er am 6. November 1835 starb.«

Julie Rettich war eine große Tragödin am Burgtheater. Bescheiden nannte sich Friederike Großmann, wenn sie neben ihr auftrat, ein »Radieschen«. Dennoch wurde sie populär – wenn auch nur durch die sogenannte »Mehlmessergeschichte«: Eine arme Mehlhändlerin in Wien-Mariahilf war so verschuldet, daß sie ihr Geschäft sperren sollte. Als die Großmann dies hörte, beschloß sie, ihr zu helfen: Von morgens bis abends stand die bildschöne neunzehnjährige Schauspielerin im Geschäft und verkaufte Mehl. Das sprach sich wie ein Lauffeuer herum, und Kundinnen aus allen Bezirken kamen und kauften. Die Mehlhändlerin war gerettet – und die Großmann über Nacht eine Berühmtheit.

## Überfall auf einen Schauspieler

Für die Echtheit der nun folgenden Episode kann ich nicht bürgen, sie wäre aber auch zu schön, um wahr zu sein: Theaterdirektor Karl Carl war berühmt-berüchtigt wegen seiner Sparsamkeit. Der bei ihm engagierte Komiker Ignaz Stahl berichtete, er sei 1829, nach einer Vorstellung im Theater an der Wien, nach Hause gegangen und auf einem der dunklen Glacis überfallen worden. Die Straßenräuber durchsuchten seine Taschen, fanden aber weder Geld noch Wertgegenstände. Endlich fragten sie ihn, unleidlich wegen des schlechten Fangs: »Sie Unglücksmensch, wer san Sie überhaupt?« »Ich bin Schauspieler bei Direktor Carl!«
»Oh, mei«, zeigten die Spitzbuben Mitleid, »warum sagen S' des net glei? Wenn S' bei dem Geizhals san, haben S' ja weniger als wie mir. Da haben S' zehn Kreuzer, aber lassen S' Ihna 's net wegnehmen von dem knausrigen Kerl!«

Beim legendären Burgtheaterdirektor Heinrich Laube meldete sich eine auffallend schöne, junge Schauspielerin, die der Meinung war, ihr gutes Aussehen allein müßte genügen, um auf der Bühne Erfolg zu haben. Nachdem sie als Gretchen – nicht sehr überzeugend – vorgesprochen hatte, sagte sie: »Ich habe ein ausgezeichnetes Gedächtnis, meine Erscheinung wird als höchst wirkungsvoll bezeichnet. Und überhaupt, Herr Direktor, ich kann mich Ihnen nur empfehlen!« »Na, schön«, meinte Laube, »dann empfehlen Sie sich!«

Auch ein sehr von sich eingenommener Mime sprach bei Laube am alten Burgtheater vor. Noch ehe er seinen Text aufgesagt hatte, bemerkte der Nachwuchsdarsteller: »Talent ist die Hauptsache, aber ohne Frechheit kommt man auch nicht durch!«
Als er dann den *Hamlet*-Monolog deklamierte, unterbrach Laube nach wenigen Minuten: »So, junger Mann, und nun versuchen Sie es einmal mit Frechheit!«

## Eine Baronin spielt kein Stubenmädel

Wiens erster Hof-Operndirektor Franz von Dingelstedt war eigentlich Chef des k. u. k. Burgtheaters. Er eröffnete das Opernhaus an der Ringstraße 1869 mit Mozarts *Don Juan* und zog sich nach der sensationell erfolgreichen Galapremiere in Anwesenheit Kaiser Franz Josephs wieder an die »Burg« zurück. Seinem Nachfolger hinterließ er nur ein paar Worte, mit denen er den Beweis erbrachte, daß ihm das Sprechtheater wichtiger war als alles Musikalische: »Das Konzert ist ein ganz überflüssiges, die Oper wenigstens ein notwendiges Übel! Ihr Dingelstedt.«

Eine Baronesse, Tochter aus jüngst geadelter Ringstraßen-Familie, wurde Schauspielerin. War dieser Umstand zur Jahrhundertwende, als man noch sagte »Hängt's die Wäsch' weg, die Komödianten kommen«, für das feine Elternhaus schlimm genug, so folgte die wahre Katastrophe, als der Tochter die erste Rolle angeboten wurde: Direktor Laube wollte, daß Anna von R. ein Stubenmädel spielt!
Weinend kam sie nach Hause und gestand dies der Mama. »Kommt nicht in Frage, die Tochter einer Familie, die selbst drei Stubenmädchen beschäftigt, spielt kein solches. Du gehst sofort zum Direktor und sagst ihm das.«
Fräulein von R. ging zu Dr. Laube: »Ich spiel' kein Stubenmädel, ich bin aus bester Familie. Wenn Sie aber wirklich darauf bestehen, daß ich eines spiel' – dann, Herr Direktor, dann scheiß' ich auf das ganze Burgtheater!«
Sagte die feine Baronesse und ging.

# Gute Nacht, Majestät!

Für einen Schauspieler ist es wichtig, berühmt – oder wenigstens bekannt – zu werden. Das schien dem Sohn einer ebenfalls betuchten Familie nicht recht gelungen zu sein. Stöhnte doch die Mama: »Ich habe zwei Buben. Der eine wurde Matrose, der andere ging ans Burgtheater. Und seither hab' ich von beiden nichts mehr gehört!«

Kaiser Franz Joseph I. war ein begeisterter Burgthea-
terbesucher, doch hielt sich in Wien das Gerücht, daß
er so manche Vorstellung eher wegen seiner Seelen-
freundin Katharina Schratt denn aus wahrer Liebe zur
Kunst besuchte. Im Jänner 1895 schrieb er jedenfalls
nach einer Aufführung von Lessings *Nathan der Weise*
an seine im Ausland weilende Frau Elisabeth: »Sonnenthal gab den Nathan ausgezeichnet. Trotz der vor-
trefflichen Vorstellung schlief ich fest.«

## Wie viele Schwäne besaß Max Reinhardt?

Man nannte ihn den »Zauberer des Theaters«. Neben
der Josefstadt führte der in Baden bei Wien geborene und
auf der Wiener Mariahilfer Straße aufgewachsene Max
Reinhardt in seinen Glanzzeiten sein aus nicht weniger als
neun Bühnen bestehendes Berliner Theaterimperium
und die Salzburger Festspiele – die er 1920 mit Hugo von
Hofmannsthals *Jedermann* gegründet hatte.
In der Mozartstadt besaß Reinhardt das Barockschloß
Leopoldskron, in dem er jeden Sommer zu pompösen
Premierenfeiern lud.
Der Schauspieler Max Pallenberg fragte auf so einem Fest
den Schriftsteller Egon Friedell: »Findest du es notwendig, daß Reinhardt ein Schloß mit Kerzenbeleuchtung,
livrierten Dienern, ja sogar einen eigenen Teich mit zwanzig weißen und schwarzen Schwänen hat?«
»Tja also, ich hab' den Reinhardt schon gekannt«, antwortete Friedell, »als er noch in Wien wohnte, völlig
mittellos war und nichts anderes hatte als ein möblier-

tes Zimmer, einen alten Tisch, einen wackeligen Sessel – und höchstens zwei bis drei Schwäne!«

Auch der Kritiker Hans Liebstöckl war eines Nachts Gast einer solchen Veranstaltung. Als er in den hell erleuchteten Schloßpark von Leopoldskron trat und all der Diener mit den Fackeln und silbernen Kerzenleuchtern ansichtig wurde, wandte er sich an Reinhardt, den er jetzt fragte: »Wos is, Max? Kurzschluß?«

Sie müssen viel mehr Ausdruck in Ihre Stimme legen«, sagte Reinhardt während einer Probe zum Schauspieler Eugen Klöpfer. »Der Jannings hat letztens eine ganz gewöhnliche Speisekarte so vorgelesen, daß uns die Tränen gekommen sind.«
»Er wird die Preise mitgelesen haben«, meinte Klöpfer trocken.


## Bezahlter Applaus


Bis in die späten zwanziger Jahre waren an den meisten Wiener Bühnen sogenannte »Claqueure« beschäftigt. Sie hatten die Aufgabe, an bestimmten Stellen des Stücks oder beim Auftritt renommierter Schauspieler begeistert in die Hände zu klatschen, zu lachen, zu schluchzen usw. Mit dem Ziel, das übrige Publikum mitzureißen.
»Was für ein trauriger Beruf«, seufzte einmal ein Claqueur, »wenn einem alles gefallen muß!«
Und ein Kritiker schrieb: »Die Claqueure lügen mit den Händen.«

Wenn ein Stück – nicht zuletzt dank der Claque – gut ankam, sagte man: »Hände gut, alles gut!«

Paul Hörbiger – bis an sein Lebensende Schauspieler des Burgtheaters – hatte eben dort in seiner Mittelschulzeit als Claqueur begonnen. »Die Sache war ungeheuer gut organisiert«, erinnerte er sich später, »wir saßen auf der Galerie, vor uns im Parterre residierte der Claquechef (als gewöhnlicher Zuschauer getarnt) mit einem Programmheft in der Hand. Wenn er den rechten Zeitpunkt für einen Szenenapplaus kommen sah, hob er das Programmheft unauffällig, aber für alle Claqueure sofort erkennbar, in die Höhe, worauf unser stürmischer Beifall einsetzte. Ich habe vor lauter Angst«, sagte Hörbiger, »den Einsatz versäumen zu können, mehr auf das Programmheft des Claquechefs als auf die Bühne geschaut.«

Fragt ein Theaterbesucher während der Vorstellung den regungslos dasitzenden Claqueur: »Warum applaudieren Sie denn nicht?«
»Weil ich heut' zum Vergnügen da bin!«

## Burgtheater-Deutsch

Probleme zwischen deutschen und österreichischen Schauspielern hat es im Ensemble des Burgtheaters immer schon gegeben. Direktor Albert Heine war, als er ein Schiller-Stück inszenierte, mit einer Probe so unzufrieden, daß er plötzlich ausrief: »Diese Deutschen soll alle der Teufel holen!« Noch ehe er den Satz beendet hatte, erkannte er, daß neben ihm der aus Sachsen stammende, überaus populäre Hofrat und Hofschauspieler Hugo Thimig saß. Also fügte er schnell noch hinzu: »Sie, Herr Hofrat, sind natürlich längst schon ein Wiener geworden!«

Die Pointe am Rande: Direktor Heine stammte aus Braunschweig.

## Mit 94 »eine alte Frau gespielt«

Die Luft auf der Bühne des Burgtheaters gilt als trocken und staubig, aber ganz ungesund kann sie nicht sein. Erfreuen sich doch viele Ensemblemitglieder eines langen Lebens. Gar nicht wenige jugendliche Helden traten hier im hohen Alter noch auf. Die Mimen Heinrich Anschütz und Lotte Medelsky wurden 80; Amalie Haizinger und Fred Liewehr 84; Fred Hennings 86; Katharina Schratt und Paul Hörbiger waren 87; Paul Hoffmann wurde 88; Bernhard Baumeister 89; Carl La Roche, Hugo Thimig, Hedwig Bleibtreu und Richard Eybner starben mit 90 Jahren; Else Wohlgemuth, Adrienne Gessner und Attila Hörbiger mit 91; Otto Tressler mit 94. Und die meisten von ihnen spielten bis zuletzt. Rosa Albach-Retty aber, die 1980 im 106. Lebensjahr starb, hat das Durchschnittsalter der Burgschauspieler am nachhaltigsten angehoben.

Einen besonderen Rekord erzielte die legendäre Au-

guste Wilbrandt-Baudius, die dem Burgtheater von
1861 bis zu ihrem Tod 1937 als Schauspielerin die Treue
hielt. Auch nach 76 Jahren Zugehörigkeit zum Ensemble hatte sie ihren Humor nicht verloren. Bei einem
ihrer letzten Auftritte flüsterte sie ihrem Partner zu:
»Sie müssen mich unbedingt daran erinnern, daß ich
eine alte Frau spiele. Ich muß ja gebückt gehen.«
Auguste Wilbrandt-Baudius stand damals im 94. Lebensjahr.

Und als Fred Hennings im Herbst 1960, nach fast vier-
zigjähriger Zugehörigkeit zum Burgtheater, bei der
öffentlichen Generalprobe zu Anouilhs *Becket oder die
Ehre Gottes* zum ersten Mal in seinem Leben im Text
hängenblieb, suchte er bei Ernst Haeusserman um seine
sofortige Pensionierung an. Doch der Direktor lehnte
mit den Worten ab: »Mein lieber Hennings, wenn jeder,
der einmal hängenbleibt, in Pension gehen würde,
müßte ich das Burgtheater zusperren!«

## »Was Krupp in Essen, ist Reincke
in Trinken!«

Als Wiens populärer »Hauspreuße« Heinz Reincke, in
etwas reiferen Jahren schon in Grillparzers *Weh dem
der lügt* am Burgtheater den Küchenjungen Leon spielte, wurde er gefragt, ob er für die Rolle nicht schon
etwas zu alt sei. Worauf Reincke antwortete: »Ich spiele ihn mehr als Küchenchef!«

157

In einer Art Werbeslogan für sich selbst, stellte der als trinkfest bekannte Heinz Reincke einen Zusammenhang seiner Person zu dem großen Stahlkonzern in der heimlichen Hauptstadt des Ruhrgebiets her, als er meinte: »Was Krupp in Essen, ist Reincke in Trinken!«

## Hugo Gottschlich wußte es ganz genau

Just in den fünfziger Jahren, als es modern wurde, Stücke durch moderne Inszenierungen »spielbar zu machen«, gab man Eugen Ionescos *Die Stühle*. Ein Schauspieler hatte auf der Bühne zu sagen: »Wo ist ein Stuhl, wo ist ein Stuhl?«
Da konnte man aus dem Publikum die verzweifelten Worte hören: »Hier werden gleich zwei frei!«

Hugo Gottschlich, der Anfang der sechziger Jahre eine kleinere Rolle in *Mein Freund Harvey* spielte, vergaß eines Tages seinen Auftritt. Da kein Ersatzschauspieler aufzutreiben war, mußte das Burgtheater an diesem Abend geschlossen bleiben, wodurch der Kassa mehrere hunderttausend Schilling verlorengingen. Anderntags ermahnte ihn Direktor Haeusserman: »Wenn Sie das nächste Mal im Zweifel sind, mein lieber Gottschlich, ob Sie spielen sollen oder nicht, dann rufen Sie uns doch an!«
»Das ist es ja«, erwiderte der Mime, »ich bin nie im Zweifel, ich weiß es ganz genau!«

Am Burgtheater fällt ein Stück durch. Winselt der Dichter: »Ich muß mich erschießen!«
»Sie haben's gut«, entgegnet der Hauptdarsteller, »ich muß innerhalb von drei Tagen eine neue Rolle lernen.«

## Die Fußballelf an der Josefstadt

In der Wiener Josefstadt gab man ein Stück, das wahrlich keinen großen Zuspruch aus dem Publikum erfuhr – das Theater blieb fast immer halbleer. Ein deutscher Gast, der das natürlich nicht ahnen konnte, fragte Ernst Haeusserman, ob er ausnahmsweise noch drei Karten haben könnte.
»Ausgeschlossen«, bedauerte der Direktor, »bei diesem Stück gibt's nur ganze Reihen!«

Der Schriftsteller und Regisseur Ernst Lothar, vor dem Krieg Direktor des Theaters in der Josefstadt, kam – nach den bitteren Jahren der Emigration – als Besucher wieder. Als er am Programmzettel die Namen der neuen Schauspieler las, sagte er zu seiner Frau Adrienne Gessner: »Nikowitz, Sowinetz, Muliar, Krismanek, Böhm I, Böhm II ... Das ist kein Ensemble, das ist eine Fußballelf.«

Die Salondame eines großen Wiener Theaters war in Sorge, ihren Auftritt zu verpassen und fragte ihre Ankleiderin, ob die Vorstellung schon begonnen habe. Die Garderobiere öffnete die Tür, lauschte mit einem

Ohr in Richtung Bühne und sagte dann: »Ja, sie sprechen schon unnatürlich!«

Sehr bekannt, aber immer wieder gern gehört: Eine Dame kommt an die Kassa des Burgtheaters und fragt: »Was spielen Sie heute abend?«
»*Was ihr wollt*«, antwortet die Kassierin.
»No dann wünsch' ich mir das *Weiße Rößl*.«

Den Unterschied zwischen »Burg« und Theater in der Josefstadt charakterisierte Fritz Muliar so: »Die Josefstadt ist der Himmel für Kasperl. Das Burgtheater ist der pragmatisierte Himmel für Kasperl.«

## »Nach jedem Akt Freikarten«

Frage an den Theaterdirektor: »Wie geht das neue Stück?«
»Es ist so schwach, daß ich nach jedem Akt neue Freikarten ausgeben muß.«

Von demselben Direktor wollte man wissen, warum die (sehr unbegabte) Schauspielerin X. immer nur in klassischen Stücken zu sehen sei. »Weil die so unsterblich sind, daß selbst sie sie nicht umbringen kann!«

# Erzbischof mit sechs Kindern
## Von mehr (oder weniger) heiligen Kirchenmännern

*»Der Fortschritt ist nicht aufzuhalten:*
*Gott schuf die Welt in sechs Tagen.*
*Und was haben wir heute? Die Fünftagewoche!«*

PETER USTINOV

# Die Flügel sind in der Reinigung

Es ist schon außergewöhnlich, wenn ein Priester, der vor dreihundert Jahren in Wien lebte, heute immer noch eine Berühmtheit ist. Die Rede ist von Abraham a Sancta Clara, der eigentlich Johann Ulrich Megerle hieß und mit ebenso deftigen wie humorvollen Worten von der Kanzel die Schwächen der Menschen des 17. Jahrhunderts zu geißeln wußte.

Eines Tages besuchte Kaiser Leopold I. eine Messe bei den Augustinern und ließ sich dann die Räume des Klosters zeigen. Als man das prachtvolle Altargemälde der Augustinerkirche bewunderte, auf dem Engel auf einer Jakobsleiter vom Himmel heruntersteigen, fragte der Kaiser: »Wie kommt es eigentlich, daß die Engel auf eine Leiter klettern, wenn sie doch ohnehin Flügel haben?«

Während die übrigen Patres ratlos dastanden, trat der Novize Abraham vor und sagte: »Halten zu gnaden, Majestät, die Flügel waren damals gerade in der Reinigung.« Der Kaiser lachte und machte den schlagfertigen Mönch 1677 zu seinem Hofprediger, dessen volkstümliche Reden bald in ganz Wien zitiert wurden.

Längst berühmt, wetterte Abraham einmal gegen die tief dekolletierten Kleider des Barock: »Weiber, die sich so entblößen, sind es nicht wert, daß man sie anspuckt!«

Da die Frau des Kaisers selbst dieser Mode huldigte, ließ sie dem Mönch ausrichten, er werde sein Amt verlieren, wenn er nicht widerrufe. Abraham a Sancta Clara widerrief feierlich: »Sie sind es wert!«


## Der vergessene Betschemel

Die auch heute so aktuellen Auseinandersetzungen zwischen konservativ und progressiv hat es in der katholischen Kirche immer schon gegeben. Als im Jänner 1784 die gerade fertiggestellte protestantische Kirche in der Wiener Dorotheergasse geweiht wurde, hatte man vergessen, für einen Betschemel zu sorgen, auf welchem der Prediger vor dem Altar das Evangelium lesen sollte. Die Kirchenherren baten nun die Patres des gegenüberliegenden katholischen Dorotheerklosters um Hilfe. Die überließen den »Kollegen« den Betschemel eines jüngst verstorbenen Prälaten. Als der konservative Kardinal Migazzi davon erfuhr, erhielten die Dorotheer einen Verweis, in dem ihre gutgemeinte Geste verurteilt wurde.

Dies wiederum erfuhr der liberale Kaiser Josef II., der seinerseits dem Kardinal einen Brief sandte, in dem er das Verhalten der Patres ausdrücklich lobte. Und die Dorotheer bekamen ein Dekret des Kaisers, in dem er ihr Betragen als vorbildlich bezeichnete.

Was übrigens nichts daran änderte, daß Josef II. das

Dorotheerkloster im Rahmen mehrerer Ordensauflösungen sperren ließ.

## Ein Bischof als sechsfacher Vater

Heinrich Graf Bombelles war der Erzieher des kleinen Erzherzogs und späteren Kaisers Franz Joseph. Clemens Fürst Metternich hatte den Grafen für diese verantwortungsvolle Aufgabe ausgewählt. Wohl nicht ganz ohne Hintergedanken: der machtbewußte Staatskanzler hoffte, daß er sich durch diese Maßnahme seinen Einfluß auf den künftigen Regenten sichern würde.

Des Kaisers Erzieher hat eine interessante Familiengeschichte: Sein Vater, der Marquis Marc Bombelles, war ein französischer General und Diplomat, der sich im Jahre 1789 den Revolutionären anschloß. Da er deren blutrünstiges Vorgehen nicht billigen konnte, sagte er sich von den neuen Machthabern bald wieder los, worauf er seines Postens als französischer Gesandter in der Republik Venedig enthoben wurde und dadurch von einem Tag zum anderen vor dem Nichts stand. Zudem hatte der keineswegs vermögende Marquis nach dem Tod seiner Frau sechs kleine Kinder allein zu versorgen – eines davon war Heinrich, der spätere Erzieher Kaiser Franz Josephs.

Marc Bombelles ging mit seinen Kindern nach Österreich, wo er eine neue, zu seinem bisherigen Berufsweg völlig konträre Karriere einschlug: der Marquis studierte Theologie, wurde Priester und nahm damit eine

165

Berufung an, die ihm als Witwer laut katholischem Kirchenrecht durchaus erlaubt war. Bombelles brachte es sogar bis zum Bischof!

Eines Tages erschien Bischof Bombelles in Begleitung seiner Söhne bei einem großen Empfang in der Hofburg. Eine Tatsache, die dem Zeremonienmeister nicht nur ungewohnt, sondern auch höchst peinlich war: Ein Priester, noch dazu höchster Würdenträger, der seine eigenen Kinder mitbrachte!

Da der Hofbeamte die Meldung: »Bischof Bombelles mit seinen Söhnen« nicht über die Lippen zu bringen imstande war, kündigte er die Ankunft des Kirchenfürsten einfach so an: »Seine Eminenz, Erzbischof Marc Bombelles – mit den Neffen seines Bruders!«

## »Herr Ober – beichten!«

Bei der feierlichen Vermählung Kaiser Franz Josephs mit der bayrischen Prinzessin Elisabeth am 24. April 1854 hielt Fürsterzbischof Josef Othmar Rauscher in der Wiener Augustinerkirche eine endlos scheinende, mehrstündige Predigt. Die Wiener nannten ihn danach »Kardinal Plauscher«.

Und das war ein einmaliger Fall in der Kirchengeschichte: Als das 1855 inkraftgetretene Konkordat des Vatikans mit Österreich 1868 zu Fall gebracht wurde, forderte der Linzer Bischof Rudiger die Priester seiner Diözese auf, die neuen Religionsgesetze nicht zu befolgen. Worauf man den Bischof zu vierzehn Tagen Haft verurteilte! Die Strafe wurde ihm durch Kaiser Franz Joseph auf dem Gnadenweg erlassen.

Fürsterzbischof Theodor Kohn, das kirchliche Oberhaupt von Olmütz, war der einzige Bischof jüdischer Herkunft in der Geschichte Österreichs. Als er 1892 Bischof wurde, spöttelte Ministerpräsident Eduard Graf Taaffe: »Hoffentlich hat er sich wenigstens taufen lassen.«

Der Schriftsteller Anton Kuh war in der Zwischenkriegszeit Stammgast eines Lokals, das sich im Besitz des Franziskaner-Ordens befand, und in dem die Patres auch servierten. Eines Abends rief Kuh, laut vernehmbar, quer durch den Speisesaal: »Herr Ober – beichten!«


## »Piccola revoluzione, Heiliger Vater!«


Der aus einer Arbeiterfamilie stammende Kardinal Theodor Innitzer blieb auch als Wiener Erzbischof sehr schlicht. Beugte sich jemand nieder, um seinen Ring zu küssen, pflegte er zu sagen: »Bitte keine gymnastischen Übungen!«

Kurz nach dem 1950 erfolgten kommunistischen Putschversuch in Wien, wurde der spätere Bundeskanzler Raab von Pius XII. in Audienz empfangen. Auf die Frage des Papstes, was es in Wien Neues gebe, antwortete Raab: »Bei uns wirbelt's!« Pius verstand nicht recht, worauf Julius Raab »übersetzte«: »Piccola revoluzione, Heiliger Vater!«

Ehe die Gräfin Henriette B. im Alter von 89 Jahren starb, legte sie ihre letzte Beichte ab. Die alte Dame war schon sehr schwach und erklärte dem Priester deshalb nur kurz: »Ehrwürdiger Vater, ich war jung und schön … das übrige können Sie sich ja denken.«


# Wie ich den Benediktinern zu einer Standuhr verhalf


Als junger Reporter schrieb ich einen kleinen Zeitungsartikel, dessen erfreuliche Fortsetzung ich nach einem Vierteljahrhundert erleben durfte. Also: Auf ständiger Suche nach Neuigkeiten erfuhr ich im September 1970, daß in einem kleinen Uhrengeschäft auf der Hernalser Hauptstraße in Wien eine dreihundert Jahre alte Standuhr zur Reparatur untergebracht worden war. Das Interessante an der Story war die Tatsache, daß die Uhr 3,40 Meter hoch war, das Portal des winzigen Uhrmacherladens aber nur zwei Meter. Also mußte der von Holzwürmern befallene Riesenchronometer vom Uhrmachermeister Ludwig Prokop in seine Einzelteile zerlegt und dann in seinem kleinen Geschäft wieder zusammengesetzt werden. So lautete damals auch die Schlagzeile: »Uhr größer als das Geschäft, in dem sie repariert wird.« Ich berichtete also im Herbst 1970 davon, daß die wertvolle Uhr nach rund zweijährigen Renovierungsarbeiten ihrer Fertigstellung entgegensieht.

Die Sache schien damit für mich erledigt. Bis – ja bis ich fast fünfundzwanzig Jahre später zufällig das Benediktinerstift in Melk besuchte und dort einer »alten Bekannten« begegnete: der alten Standuhr, riesengroß und phantastisch renoviert. Dem Abt Burkhard Ellegast, der mich durch sein Barockkloster führte, fiel auf, daß ich ein wenig vor der Uhr verharrte. Und er sagte zu mir: »Ja, es ist ein Wunder, daß wir sie wieder haben.«

»Wieso?« fragte ich neugierig.

»Die Uhr war vor Jahren in sehr schlechtem Zustand, da brachte sie ein Verwandter unseres früheren Abtes zur Reparatur. Einge Zeit später verstarb der Mann und niemand von uns wußte, wohin er die Uhr gebracht hatte. Er hatte uns nur gesagt, daß sie bei einem Wiener Uhrmacher wäre. Aber davon gab's viele. Und so hatten wir die Hoffnung schon aufgegeben, daß wir unsere prachtvolle Uhr je wieder bekommen würden. Bis – «, und jetzt schmunzelte Abt Burkhard, »bis wir in der Zeitung eine kleine Geschichte über jene Uhr lasen, die größer war als das Geschäft, in dem sie repariert wurde.«

Der Abt erkannte sie auf dem Foto und fuhr zum Uhrmachermeister Prokop auf der Hernalser Hauptstraße. Da stand sie vor ihm, in voller Pracht, mit total renoviertem Uhrwerk, das ihr die alte Präzision zurückgegeben hatte. Die Uhr wurde in ihre Einzelteile zerlegt, damit sie wieder aus dem kleinen Geschäft getragen und heim zu den Benediktinern gebracht werden konnte.

Und ich stand jetzt vor ihr im Stift Melk. Und war ein bisserl stolz darauf, daß sie ohne meinen damaligen Zeitungsbericht vielleicht nie mehr an ihren Ausgangsort gelangt wäre.

# Ein Butler geht auf Zehenspitzen

## Skurriles aus der Welt des Films

*»Wenn ein Film Erfolg hat, ist er ein Geschäft.*
*Wenn er keinen Erfolg hat, ist er Kunst.«*

CARLO PONTI

# Napoleon in Asien

Der aus Salzburg stammende Schauspieler Karl Pointner war ein beliebter Stummfilm-Star, doch als Ende der zwanziger Jahre der Tonfilm kam, konnte er sich – wie viele seiner Kollegen damals – nur schwer zurechtfinden. Das kam daher, daß er Schwierigkeiten mit der Aussprache gewisser Vokale hatte. So spielte er einmal in einem Napoleon-Tonfilm einen Feldherrn, der dem Korsen zu sagen hat: »Majestät, ganz Europa liegt zu Ihren Füßen.«

Kamera läuft, Pointner betritt großmächtig die Szene, schwingt seinen Säbel durch die Luft, salutiert und schreit: »Majestät, ganz *Ei*ropa liegt . . . «

Der Regisseur unterbricht ihn. »Herr Pointner, nicht *Ei*ropa – *Eu*ropa! Noch einmal, bitte!«

»Majestät, ganz *Ei*ropa . . . «

»Nicht aufregen, Herr Pointner, ruhig bleiben, lassen Sie sich Zeit, Sie brauchen keine Angst zu haben. *Eu*ropa, *Eu*ropa.«

»Majestät, ganz *Ei* . . . kann i net Asien sagen?«

# Wenn Statisten Gagen zahlen

Vom »Film entdeckt« zu werden, galt immer schon als besonders erstrebenswert. Auch in der Stummfilmzeit, als der bekannte Regisseur Alexander Korda (*Heinrich VIII.*, *Rembrandt*) kurz vor Drehbeginn Statisten suchte.

»Ich brauche achtzig Leute«, sagte er zum Aufnahmeleiter, der selbst noch keine Ahnung vom Film hatte.

»Sage ihnen, sie müssen morgen zur Verfügung stehen und immer das tun, was ich sage. Zwei Kronen pro Kopf.«

Am nächsten Tag standen achtzig Mann parat, die Kordas Anweisungen brav befolgten.

Als aber die Aufnahmen vorbei waren und die Gagen ausbezahlt werden sollten, kam keiner zur Kassa.

»Wo sind die Komparsen?« fragte der Kassier.

»Die sind alle schon nach Haus gegangen«, sagte der Aufnahmeleiter.

»Und die Gagen?«

»Hier ist das Geld.« Der Aufnahmeleiter legte 160 Kronen auf den Tisch.

Der Kassier traute seinen Augen nicht: »Was für Geld ist das?«

»Das Geld, das die Leute bezahlt haben, damit sie mitmachen dürfen. Zwei Kronen pro Kopf. Wie Herr Korda es befohlen hat.«

# Der Mann, der Rudolfo Valentino
## entdeckte

Rudolfo Valentino, der erste Star in der Geschichte Hollywoods, dem die Frauen zu Füßen lagen, wurde von einem Wiener entdeckt. Und das kam so: Der Schauspieler Hans Unterkircher hatte bereits in Wien und Berlin Karriere gemacht, als der New Yorker Broadway und dann auch Hollywood riefen. Er drehte unter dem Künstlernamen Thornton Church mehrere Stummfilme, bis ihn 1918 das Heimweh plagte und er zurück nach Wien wollte. Doch sein Regisseur Carl Laemmle war nicht bereit, den Darsteller jugendlicher Liebhaberrollen aus dem Vertrag zu lassen: »Ich habe viel Geld in dich investiert, ich lasse dich nicht gehen – es sei denn, du bringst mir einen würdigen Ersatz.«

Hans Unterkircher suchte fieberhaft und erinnerte sich eines ungewöhnlich gut aussehenden jungen Mannes, der am Strand von Santa Monica – wo er immer schwimmen ging – als Bademeister und Rettungsschwimmer beschäftigt war. Der Mann hieß Rudolfo Guglielmo, war der Sohn bettelarmer italienischer Einwanderer – und nahm die Rolle an. Später nannte er sich Valentino und wurde der größte Verführer der Filmgeschichte. Als er 1926 im Alter von 31 Jahren starb, löste dies eine Massenhysterie aus, die den Verkehr in New York tagelang lahmlegte. Immer wieder versuchten sich Verehrerinnen an Valentinos Grab das Leben zu nehmen.

# Weltkarriere mit gebrochenem Hax'n

Es war einmal . . . – Mit diesen Worten beginnen die meisten Märchen. In diesem Fall ist's eines, das wahrgeworden ist. 1924 in Wien. Die unvergleichliche Karriere der Lilian Harvey, die zu den größten Filmstars aller Zeiten zählte, begann mit einem Beinbruch.

Die Harvey (ihr wirklicher Name war Lilian Pape) war als kleine »Tänzerin mit Chorverpflichtung« am Wiener Ronacher engagiert, wo sie 1924 – neben Hans Moser – in der Revue *Alles per Radio* auftrat. Der bekannte Berliner Filmproduzent Richard Eichberg war von ihrer winzigen Szene als »erstes Radiogirl« so begeistert, daß er der 18jährigen eine Rolle in seinem nächsten Film anbot. Was heute der große Traum vieler junger Mädchen wäre, konnte die Harvey in einer Zeit, in der Filmen für manche noch als suspekt galt, nicht reizen. Lächelnd lehnte sie ab: »Schauen Sie, ich habe am Ronacher einen Dreimonate-Vertrag, beim Film weiß man nicht, wie lange so was dauert.«

Wenige Tage später stürzte Lilian Harvey während der Vorstellung so unglücklich, daß sie mit einem komplizierten Knöchelbruch ins Spital mußte. Der Arzt teilte ihr mit, daß sie in der laufenden Ronacher-Revue nicht mehr tanzen können werde.

Richard Eichberg erfuhr in Berlin von dem Malheur – und erkannte seine Chance. Noch im Spital erhielt die Harvey ein Telegramm des Produzenten mit einem Siebenjahres-Vertrag. Jetzt sagte sie zu, denn: »Spielen«, meinte der Arzt, »können Sie bald wieder, tanzen aber noch lange nicht.«

Mit Filmen wie *Liebeswalzer, Die Drei von der Tank-stelle* und *Der Kongreß tanzt* wurde Lilian Harvey welt-berühmt und zum höchstbezahlten *Ufa*-Star ihrer Zeit. Richard Eichberg machte als ihr Entdecker Filmge-schichte.
Ein Knöchelbruch in Wien hatte eine traumhafte Kar-riere ermöglicht.

## Freud wirft Billy Wilder aus der Wohnung

Billy Wilder kam in Galizien zur Welt, drehte seine ersten Filme in Berlin, und weltberühmt wurde er in Hollywood. Aber keine andere Stadt hat ihn so geprägt wie Wien.
Er lebte hier in den zwanziger Jahren und arbeitete als junger Reporter für die Tageszeitung *Die Stunde*. Eines Tages erteilte ihm sein Chefredakteur den Auftrag, für die Weihnachtsausgabe eine der damals beliebten »Pro-minentenumfragen« durchzuführen, wobei in diesem Fall berühmte Zeitgenossen zum Stichwort »Faschis-mus« befragt werden sollten, weil das Thema nach Mussolinis *Marsch auf Rom* und dem Sturz der italieni-schen Regierung gerade sehr aktuell war.
»Ich hatte für die Interviews nur einen Tag Zeit«, erzählte Billy Wilder, »und an diesem einen Tag besuch-te ich Richard Strauss, Arthur Schnitzler, Alfred Adler und Sigmund Freud.«
Man muß sich vorstellen, daß der junge Reporter an

einem einzigen Tag vier der genialsten Männer seiner Zeit traf – wobei in Wilder selbst das fünfte Genie schlummerte.

Die schönste Episode erlebte er mit Freud. »Ich kam in seine Wohnung in der Berggasse, gab dem Dienstmädchen meine Karte mit der Aufschrift ›Billie S. Wilder, Reporter der *Stunde*‹. Das Dienstmädchen sagte, der Herr Professor sei beim Mittagessen. Ich bat sie, mich trotzdem zu melden. Während ich im Salon wartete, sah ich durch eine Tür das Zimmer mit der berühmten Couch, über die ein türkischer Teppich gebreitet war. Bald danach kam Freud aus dem Eßzimmer, die Serviette noch um den Hals gebunden, er schaute auf meine Karte und fragte: ›Sind Sie Herr Wilder?‹, ich antwortete: ›Jawohl, Herr Professor.‹ Dann fragte er: ›Sie sind von der *Stunde*?‹ Ich sagte wieder: ›Jawohl, Herr Professor.‹ Darauf sagte er: ›Dort ist die Tür!‹ Er warf mich hinaus, weil er Reporter nicht leiden konnte.«


## Hans Moser verschläft eine Filmszene


Im September 1944 entstand mit *Wiener Mädeln* einer der letzten Wiener Filme vor Kriegsende. Die Außenaufnahmen in Schloß Schönbrunn mußten infolge Bombenalarms immer wieder unterbrochen werden, wobei das ganze Team in den umliegenden Luftschutzkellern Unterschlupf fand.

Als nach zwei Stunden der Alarm vorbei war, trudelten

alle Schauspieler, darunter Curd Jürgens und Willi Forst, wieder ein. Nur einer fehlte – der Moser. Forst beauftragte mehrere Komparsen, Moser zu suchen. Endlich, nach einer halben Stunde wurde er in einem nahen Keller gefunden. Tief und fest schlafend! »Herr Moser«, hatte ihn ein Statist geweckt, »kommen S' schnell, alles ist vorbei, wir drehen schon wieder.«

»Alles is' vorbei?« sagte Moser, während er erwachte, »wunderbar, dann bin i ja am Leben!«

Sprach's, sprang auf, rannte zurück ins Schloß und filmte weiter.

Bis zum nächsten Bombenalarm.

## Moser parodiert Moser

Moser konnte alles, was man beim Film können muß, nur eines nicht: seine eigene Stimme synchronisieren. Das ist aber notwendig, wenn eine zusätzliche Szene weg- oder einkopiert werden muß.

1961, Dreharbeiten zu *Mariandl* mit Rudolf Prack, Waltraut Haas, Peter Weck, Gunther Philipp. Das berühmte *Mariandl*-Lied war bereits aufgezeichnet, als Regisseur Werner Jacobs meinte, Moser möge vor Einsetzen der Musik noch den Satz »Also, geh' ma's an!« einfügen.

»Wir gingen ins Studio«, erinnert sich Waltraut Haas, »und Hans probierte es – eine Stunde lang. Einmal hat er zu früh eingesetzt, dann zu spät, aber geklappt hat's nie. Plötzlich sagte der Regisseur zu ihm: ›Danke Hans, es ist erledigt!‹ Wir waren alle erstaunt, denn der Satz war alles andere als perfekt. Werner Jacobs kam zu mir: ›Ich bitt' dich, hol den Gunther Philipp aus der Kantine.‹ Philipp kam, nuschelte die vier Worte auf Anhieb à la Moser, und die Sache war erledigt.

Drei Monate später, Vorführung im Atelier, Hans saß neben mir, die bewußte Szene kam, ich dachte noch, hoffentlich merkt er's nicht, sonst ist er bös'. Aber was war? ›Siehst‹, hat er gesagt, ›und da behaupten die Leut' immer, i kann net synchronisieren. Es war doch großartig!‹«

Es war ja einst große Mode, den Volksschauspieler zu imitieren. Bei einem Frühlingsfest, so erzählte man sich, sei eine Preiskonkurrenz veranstaltet worden, bei der die drei besten Moser-Parodisten gekürt werden sollten. Moser habe aus Jux – maskiert wie alle anderen Bewerber – daran teilgenommen. Mit dem Ergebnis: Hans Moser landete auf Platz drei ...

## Die Geburtsstunde des »Hofrat Geiger«

Nicht gerade alltäglich ist die Entstehungsgeschichte des Filmklassikers *Der Hofrat Geiger*. Der Schauspieler Martin Costa erhielt während des Krieges Auftrittsverbot, weil er in den Augen der Nazis »frech« gewesen sei und wurde von der Bühne weg in die Buchhaltung der Wiener Kammerspiele strafversetzt. Da ihn die neue Tätigkeit künstlerisch keineswegs befriedigte, machte er sich daran, ein Stück zu schreiben. So entstand die Geschichte jenes Hofrats, der nach 18 Jahren erfährt, daß er eine Tochter hat.

Costa suchte einen Strohmann, der sich als Autor des Stückes ausgeben würde – denn er selbst war natürlich als Schriftsteller ebenso gesperrt wie als Schauspieler. Und er fand einen Pfarrer namens Franz Füssel, der bereit war, bei dem Schwindel mitzumachen.

Das Stück hatte 1943 im Theater in der Josefstadt Premiere. Martin Costa saß mit Tränen in den Augen im Zuschauerraum, »während sich Hochwürden Füssel auf der Bühne minutenlang im Applaus sonnte und weiß Gott wie oft verbeugte«.

Der Name des wahren Autors blieb bis Kriegsende geheim, 1947 wurde das Stück mit Paul Hörbiger, Hans Moser, Maria Andergast und Waltraut Haas verfilmt. Dabei ereignete sich die folgende Episode: Hörbiger war bekannt dafür, daß er sich ungern schminken ließ, und da er in einer bestimmten Szene ganz kurz seitlich durchs Bild gehen sollte, gab er dem Maskenbildner Anweisung, daß diesmal nur die rechte Gesichtshälfte zu schminken sei.

Regisseur Hans Wolff war verzweifelt, wußte aber einen Ausweg: »Du Paul, das mit der halben Schminke ist eine großartige Idee. Ich muß dir nur leider die traurige Mitteilung machen: Du hast die falsche Seite geschminkt.«

# Ein Anzug für den »Dritten Mann«

*Der dritte Mann* war der international erfolgreichste, in Österreich gedrehte Film. Regisseur Carol Reed war 1948, noch vor Beginn der Dreharbeiten, nach Wien gekommen, um für die Hintergrundmusik einen Zitherspieler zu suchen. Er fand ihn bei einem Heurigen in Sievering, und sein Name war Anton Karas. Gemeinsam schufen sie an einem Abend das heute weltbekannte *Harry-Lime-Thema*, wobei Anton Karas als Gage nicht mehr als einen Anzug bekam. Dennoch verdankte er dem Film das Glück seines Lebens, er wurde reich und berühmt. Seine späteren Kompositionsversuche blieben jedoch erfolglos.

Paul Hörbiger spielte im *Dritten Mann* einen Hausmeister. Der Schauspieler nützte die Anwesenheit der zu den Dreharbeiten nach Wien gereisten internationalen Reporterteams, um auf die Situation der notleidenden Bevölkerung hinzuweisen. In einer Pressekonferenz im *Grand Hotel* zeigte Hörbiger den Journalisten die äußerst dürftige Wochenration, von der sich ein erwachsener Mensch im Nachkriegs-Wien ernähren mußte. Später erzählte der Schauspieler, daß er nach der Pressekonferenz von seiner Familie beschimpft wurde. Er hatte nämlich die eigene Wochenration im Hotel liegengelassen.

# Hans Mosers Opfer

Er war einer jener Komiker, die zu den Opfern Hans Mosers zählten: Wie Fritz Imhoff, Fritz Heller und Richard Romanowsky wäre auch Oskar Sima zu jeder anderen Zeit ein Star gewesen – doch neben Moser blieb wenig Platz für andere, das nuschelnde Genie ließ sie alle zu Chargen verkommen. Oskar Sima hat unzählige Wiener Filme gedreht – aber keine einzige Hauptrolle bekommen.

Sima, Jahrgang 1896, absolvierte Handelsakademie und Schauspielschule in Wien, ehe ihn Max Reinhardt zum Theater holte. Sein Kollege Reinhold Schünzel hatte dem jungen Sima prophezeit: »Du wirst einmal eine große Karriere machen. Nicht weil du so begabt bist, sondern weil du so faul bist!«

Im Film reifte seine wuchtige Erscheinung zum Symbol des Cholerikers. Und obwohl Moser seinen Durchbruch verhinderte, erwirtschaftete Sima in dreihundert Filmen ein Vermögen. Er galt auch als so geizig, daß – neben ihm – selbst Sparmeister Moser als Prasser dastand. Der Hintergrund war eher traurig: Simas Eltern, reiche Weinbauern in der niederösterreichischen Gemeinde Hohenau an der March – dort, wo der »Brünnerstraßler« wächst –, hatten im Ersten Weltkrieg ihr Hab und Gut für Kriegsanleihen verpfändet. Es war Simas Lebensziel, mit den Filmgagen alles zurückzukaufen, was die Eltern verloren hatten. Und das ist ihm auch gelungen.

Bei gemeinsamen Dreharbeiten wurde Sima von Gunther Philipp gefragt: »Sag, Oskar, hast du das Drehbuch gelesen?«

»Ja leider. So an Dreck hab' ich noch nie gespielt!«

»Warum machst du's dann?«

Sima: »Es bringt halt wieder an neuen Traktor!«

Als Sima einen Großteil der Ländereien zurückgekauft hatte, lud er Willi Forst und Hans Holt auf sein Gut ein und bewirtete sie wider Erwarten sehr großzügig. Während sich's die Kollegen schmecken ließen, sagte Sima: »Euch mag i, ihr eßt's meine eigenen Hendln und meinen selbst angebauten Wein. Bravo! Stellt's euch vor, neulich war der Pepi Meinrad bei mir – der hat a Mineralwasser verlangt. Das muß ich doch kaufen!«

Alfred Böhm drehte mit Sima den Film *Wenn die Bombe platzt.* In der Kantine des Ateliers kam der Aufnahmeleiter zu Böhm, um sich eine Zigarette auszuborgen, und der hat sie ihm selbstverständlich gegeben.

Meinte Sima: »Das solltest du nicht machen. So kommt man ja zu nichts.«

»Aber der hat mir doch auch schon öfters Zigaretten geborgt«, meinte Böhm.

Sima: »Sowas vergißt man!«

# Finger wie der Yehudi Menuhin

Bei Dreharbeiten am Semmering weigerte sich Sima, seine Rolle zu Ende zu spielen, bevor ihm die noch offene Gage in Höhe von vierzigtausend Schilling ausbezahlt würde. Es war Samstag, und der Aufnahmeleiter mußte bis nach Wien fahren, um die hohe Summe aufzutreiben. Er entschuldigte sich: »Leider hab' ich das Geld nur in 100-Schilling-Scheinen bekommen.«
»Das macht nichts«, sagte Sima. »Beim Geldzählen hab' i Finger wie der Yehudi Menuhin!«

Eine »Werbetournee« für einen Film führte Oskar gemeinsam mit Karl Schönböck, Waltraut Haas und vielen anderen quer durch Deutschland und Österreich. Sima ärgerte sich, daß den Damen nach der Kinovorstellung die auf der Bühne vom Produktionsleiter überreichten Blumen und den Herren die Flasche Wein wieder abgenommen wurde. Und das nach jeder Vorstellung! Eines Abends wandte er sich dem Publikum zu und nörgelte ins Mikrophon: »Ich wollt nur sagen, das kriegen wir heut' schon zum dritten Mal!«

Sima haßte es, wenn Kollegen während der Dreharbeiten allzu lange mit dem Regisseur darüber diskutieren wollten, wie ihre Rolle anzulegen sei.
»Kriegst a Gage?« pflegte Sima in solchen Fällen zu fragen.
»Ja«, lautete die Antwort.
»Dann halt die Goschen!«

Meine Lieblingsszene mit Sima stammt aus dem Film *Wiener G'schichten*, in dem er einen Gast spielt, der beim Kellner (Hans Moser) zahlen will. »Also ich hatte«, sagt er im typischen Sima-Tonfall, »einen kleinen Braunen und zwei Glas Wasser!«
Staunt Moser: »Ihr Sakko ist ja voll Staubzucker.«
»Ah ja, und dreizehn Krapfen hab' i a noch g'habt!«

Der »ewige Zweite« des Wiener Films starb 1969. Auf dem wieder erworbenen Gut seiner Eltern, wie er sich's gewünscht hatte.

## Interpol fahndet nach Peter Alexander

Der erste Film den der spätere Publikumsliebling Peter Alexander drehte, hieß *Verliebte Leute*. Es ging darin um drei junge Männer, die mit einem Wohnwagen in den Süden ziehen. Peter Pasetti und Rudolf Platte waren damals, im Sommer 1954, schon engagiert, für die Rolle des dritten dachte Regisseur Franz Antel an den noch unbekannten Peter Alexander, den er kurz vorher in einem Theaterstück gesehen hatte.
Doch der machte mit Ehefrau Hilde gerade Urlaub. »Irgendwo in Italien«, mehr wußte man nicht.
Antel setzte alle Hebel in Bewegung, konnte Alexander aber nicht auftreiben. In seiner Verzweiflung wandte sich der Regisseur wenige Tage vor Drehbeginn mit der ungewöhnlichen Bitte, Peter Alexander aufzutreiben, an die Wiener Polizei.

»Was hat er denn ausg'fressen?« fragte ein gemütlicher Bezirksinspektor.

»Gar nix«, beruhigte Antel und erklärte die Situation.

Der »Fall« wurde an die Interpol weitergeleitet, die Alexander tatsächlich über die italienischen Behörden aufspürte. Stunden später hatte der Schauspieler ein Telegramm Antels, und am nächsten Tag saß er im Studio der *Wien-Film.*

Als Bürgermeister Helmut Zilk Peter Alexander viele Jahre später den Ehrenring der Stadt Wien verlieh, sagte er in seiner Laudatio: »Sie sind der erste Schauspieler der Welt, der durch die Interpol zum Film gekommen ist.«

Auch Géza von Cziffra erkannte Alexanders Zugkraft früh. Managergattin Hilde durfte bald großen Einfluß auf die Verträge nehmen, die sie für »Peter den Großen« mit den Produktionsfirmen abschloß. Ihre Sorge war es immer, daß in den Filmen neben ihrem Mann zweitklassige Schauspieler eingesetzt würden. Also stand im Vertrag: »Herr Alexander muß mit der Besetzung des Films einverstanden sein.«

Bei einem der Filme war der Star von der Auswahl seiner Kollegen gar nicht begeistert, und er sagte dies, auf seinen Vertrag pochend, zu Cziffra. Der zuckte freilich nur die Achseln und meinte: »Sie lesen das falsch. Hier steht: Herr Alexander *muß* mit der Besetzung einverstanden sein.«

# Ein Steirerhut in Hollywood

Er hat eine große Karriere gemacht, im österreichischen und im deutschen Film, der am 1. April 1915 in Klosterneuburg bei Wien geborene Schauspieler O. W. Fischer. Aber es hätte eine Weltkarriere werden können. Amerikanische Filmproduzenten hatten einige seiner Filme – darunter *Ludwig II.*, *Hanussen* und *Solange du da bist* – gesehen und den eleganten Charmeur nach Hollywood geholt, um ihn in Amerika »groß 'rauszubringen«. Es scheiterte daran, daß Fischer als »Schwieriger« galt.

Es war im Jänner 1957, als er, begleitet von gigantischem Medienrummel, in die USA reiste, um in dem Film *My Man Godfrey* die Titelrolle zu spielen. Fischers Vertrag mit *Universal Pictures* sah vor, daß er für diesen und einen weiteren Film die sensationelle Gage von 250.000 Dollar – damals fünf Millionen Schilling, heute ein Vielfaches – bekommen sollte.

Doch dann kam Otto Wilhelm Fischer angeflogen. Das von ihm im Alleingang total umgeschriebene Drehbuch wurde von Regisseur Henry Koster abgelehnt. Fischer hatte aber die Dialoge schon nach seiner Version gelernt. Die ersten Probleme.

Weitere folgten: Er spielte einen aus Wien stammenden Seemann, der in New York Butler wird. O. W. wollte mit Maßanzug und Steirerhut auftreten.

Regisseur Koster entgegnete: »Ein Seemann trägt weder Maßanzug noch Trachtenhut.« Fischer bestand darauf: »Jeder Wiener trägt Maßanzug und Trachtenhut!«

Koster hatte »vom ersten Tag an das Gefühl, daß Fischer einen Film für Österreich machen wollte und nicht für Amerika«. In einer Szene sagte er *Tante Lotterl* statt *Tante Charlott*.

Fischer wurde in die Produktionsleitung gerufen, wo man ihm klarmachte, daß er die Anweisungen des Regisseurs unbedingt zu befolgen habe.

Am nächsten Tag ging alles wieder von vorn los. Koster: »Sagte ich: ›Komm langsam bei der Tür herein‹, dann kam er schnell. Einmal ging er auf Zehenspitzen, weil seiner Ansicht nach ein Butler auf Zehenspitzen geht.« Koster hatte »seit zwanzig Jahren einen Butler zu Hause, aber der ist nie auf Zehenspitzen gegangen, warum auch«.

Es gab tausend Reibereien. Eva Gabor sollte in einer Szene weinen. Fischer spielte seinen Part wieder anders als vorgesehen, die Szene wurde 17 mal gedreht, bis Eva nicht mehr weinen konnte, der Drehtag verloren war. Koster: »Nachher, in der Garderobe, weinte sie aus Verzweiflung.« Da ging's wieder. Regisseur, Kollegen, die Crew, alle wurden nervös. Am 16. Drehtag weigerte sich ein Schauspieler, mit Fischer weiterzuarbeiten.

Der jetzt zugab, Fehler gemacht zu haben. Doch es war zu spät, *Universal Pictures* schickten ihn nach Hause, die mit Fischer gedrehten Szenen wurden weggeworfen, und David Niven übernahm die Rolle.

*Universal* forderte von Fischer 130.000 Dollar Schadenersatz, zog die Klage aber später wieder zurück.

Die Hollywood-Karriere war beendet. In Wien, München und Berlin drehte er weiter.

O. W. Fischer, ein Schwieriger eben.

# Recht muß Recht bleiben

## Von echten Mördern und falschen Komtessen

*»Wer die Gesetze nicht kennt, bringt sich*
*um das Vergnügen, gegen sie zu verstoßen.«*

JEAN GENET

# Der Kopf des Nebenbuhlers

Gnade solle vor Recht ergehen, besagt ein Sprichwort, das Maria Theresia einmal besonders wörtlich nahm. Ein Angehöriger ihrer Leibgarde hatte seine Gattin in den Armen eines Kameraden ertappt, dem er bei dieser Gelegenheit wütend drohte: »Wenn ich dich hier noch einmal erwische, schmeiß' ich deinen Helm zum Fenster hinaus.« Da dem Liebhaber die angedrohte Strafe nicht allzu gefährlich erschien, schreckte er vor einem weiteren Tête-à-tête nicht zurück. Und wurde neuerlich vom gehörnten Ehemann erwischt, der nun seine Drohung wahrmachte.

Kurz danach erschien der Betrogene bei seiner Kaiserin in Audienz, um ihr vorzutragen: »Ich habe den Helm meines Kameraden, den ich zum zweiten Mal bei meiner Frau vorfand, zum Fenster hinausgeworfen.« Die Monarchin erwiderte: »Das ist ja kein allzu großes Verbrechen, ich billige Ihm meine Gnade zu.«

Darauf der Gardist: »Majestät, wenn ich noch eine Erklärung hinzufügen darf: Im Helm befand sich der Kopf des Nebenbuhlers.«

Maria Theresia war geschockt, meinte aber: »Da ich Ihm nun einmal Gnade zugestanden habe, soll es auch dabei bleiben.«

Josef II. besuchte eine Anstalt für Schwerverbrecher. Alle Häftlinge versicherten, sie seien unschuldig, nur einer sagte reumütig: »Ich bin schuldig!«

»Entlaßt den Mann«, befahl der Kaiser, »was soll ein so schlechter Kerl unter lauter braven Leuten!«

Gegen den allmächtigen Zensor waren selbst Monarchen machtlos. Als sich der Burgschauspieler Nikolaus Heurteur mit der Bitte an Kaiser Franz I. wandte, die Zensur möge Kotzebues verbotenes Schauspiel *Die Kreuzfahrer* freigeben, antwortete der Kaiser: »Ich will's lesen, aber Sie werden sehen: Wir richten nichts aus!«

## Der Raubmörder und die Schauspielerin

Der Name der beliebten Volksschauspielerin Therese Krones findet sich nicht nur in der Theater-, sondern auch in der Kriminalchronik Wiens. Ein Umstand, den sie ihrer Liebe zum Raubmörder Severin von Jaroszynski verdankt.

»Die Krones«, wie alle Welt sie nannte, stand 1827 auf dem Höhepunkt ihrer Popularität. Kein Wunder, war ihr doch gerade erst mit der Rolle der »Jugend«, die ihr Ferdinand Raimund im *Bauer als Millionär* auf den Leib geschrieben hatte, ein Sensationserfolg gelungen. Ihr Bild konnte man in allen Teilen der Monarchie, sogar auf Teetassen gemalt, bewundern. Die Krones war der große Liebling des Publikums.

Just im Jahr ihres größten Triumphs, mußte sie es sich

gefallen lassen, mit einer schrecklichen Bluttat in Verbindung gebracht zu werden. Am 13. Februar 1827 wurde der siebzigjährige Priester Professor Johann Blank in seiner Wohnung auf der Wiener Seilerstätte Opfer eines Raubmordes. Bald konnte Severin von Jaroszynski, der Geliebte der Krones, als Täter ausgeforscht und festgenommen werden.

Ganz Wien fragte sich, wie ein Mann aus diesem Milieu zum Mörder werden konnte. Jaroszynski, aus erstem Hause stammend, war, ehe er in die Residenzstadt übersiedelte, k. k. Beamter in Galizien gewesen. Wo er, da er staatliche Gelder veruntreut hatte, polizeilich gesucht wurde.

Auch in Wien lebte er auf allzu großem Fuß, und seine Affäre mit der verwöhnten Therese Krones verschlang Unsummen. Da erinnerte sich Jaroszynski seines ehemaligen Lehrers Blank, besuchte ihn in dessen Wohnung und erstach ihn mit einem mitgebrachten Küchenmesser. Am Tatort raubte er Wertpapiere, die er dann sofort um sechstausend Gulden verkaufte.

Drei Tage später gab Jaroszynski in seiner eleganten Wohnung am Trattnerhof ein Souper. Gerade als die Krones zur Freude der illustren Gästeschar ihr berühmtes Lied *Brüderlein fein ...* anstimmte, wurde die Wohnung von einem Polizeitrupp gestürmt und der Verdächtige festgenommen. Zyniker bemerkten, daß Raimunds Liedzeile »... einmal muß geschieden sein« sehr zum Anlaß paßte.

Jaroszynski wurde zum Tod verurteilt und am 30. August 1827 bei der Spinnerin am Kreuz gehenkt. Die von den kriminellen Handlungen ihres Liebhabers ahnungslose Therese Krones wurde nach dem Vorfall vom

Publikum ausgepfiffen, worauf sie sich vom Theater zurückzog. Als sich die Gemüter beruhigt hatten, setzte sie ihre Karriere fort. Drei Jahre nach dem Fall stand sie in *Julerl, die Putzmacherin* – im Leopoldstädter Theater – zum letzten Mal auf der Bühne. Sie starb am 26. Dezember 1830 im Alter von nur 29 Jahren in Wien.

## Eine Ansichtskarte vom Uhrendieb

Joseph Honsa zählte im Wien der Jahrhundertwende zu den Geschicktesten seines Metiers. Und sein Metier war der Wohnungsdiebstahl. Einmal freilich erwies sich der Geschickte als sehr ungeschickt. Als ganz besonders ungeschickt sogar.

Der Berufseinbrecher, an jenem 21. März 1902 wieder einmal »auf Tour«, hatte sich für seinen Beutezug *M. Koller's Gasthaus Zum Schlüssel* auf der Wieden auserkoren: Im ersten Stock nahm er die unbeaufsichtigt auf einem Tisch liegende silberne Taschenuhr des Wirtes an sich. War's bisher ein Dutzend-Kriminalfall, so folgt jetzt das Kuriose. Just als »Meisterdieb« Honsa das Ecke Kleine Neugasse/Rittergasse gelegene Haus verließ, stand vor dem Tor eine kleine Gruppe – bestehend aus Stammgästen und Wirtsfamilie – die sich, wie damals so beliebt, für eine dieser neumodischen Postkarten fotografieren ließ. Von dem Menschenauflauf überrascht, stellte sich Uhrendieb Honsa einfach dazu. Und wurde geknipst.

Als Gastwirt Koller bald darauf den Verlust seiner

Taschenuhr bemerkte, ging er zur Polizei, wo man ihm nur wenig Hoffnung machte, sie je wiederzusehen, zumal Wohnungsdiebstähle auch damals schon weit verbreitet waren.

Tage später brachte der Fotograf sein Kunstwerk. Und der Wirt staunte nicht schlecht, als er auf dem Bild einen ihm völlig unbekannten Herrn mit Schnauzbart und »Stößer« auf dem Kopf entdeckte. Den Kriminalisten freilich war sofort klar: Der Abgebildete mußte der Dieb sein, der gerade im Moment der Aufnahme das Haus – den Tatort – verlassen wollte.

Joseph Honsa war im Sicherheitsbüro kein Unbekannter: sein Vorstrafenregister war beachtlich, noch öfter war der »Meisterdieb« aber mangels an Beweisen freigesprochen worden. Diesmal freilich war Leugnen zwecklos. Das Foto lieferte den eindeutigen Beweis. Honsa rückte die Uhr heraus – und landete im »Häf'n«.


## Die echte »Komtesse Mizzi«


Als *Komtesse Mizzi* gelangte sie dank Arthur Schnitzlers gleichnamigem Bühnenstück zu literarischen Ehren, doch ihr wahres Schicksal, ihre Tragödie, findet sich in den Akten der Polizeidirektion Wien.

Mizzi Veith galt zur Jahrhundertwende als Liebling der Männerwelt. Adel und Politik waren hingerissen von dem süßen Wiener Mädel, das man in den Ronacher-Séparées, im Vergnügungsetablissement *Venedig in Wien* im Prater sowie auf Bällen und Redouten antreffen konnte. Meist war Mizzis eleganter Papa, Marcel Graf Veith, in finanziellen Schwierigkeiten, und mit einer noblen Zuwendung konnte man dessen Gunst – und damit die seiner Tochter – erkaufen.

Schönheit, Charme und erotische Freizügigkeit der »Komtesse Mizzi« sprachen sich bei vielen prominenten Freiern in Wien und in den Kronländern herum. Jeder wußte davon, und kein Mensch regte sich darüber auf. Zumindest bis zu jenem 13. November 1907, als in der k. u. k. Polizeidirektion Wien eine anonyme Anzeige gegen den angeblichen Grafen Marcel Veith wegen Kuppelei eintraf. Obwohl Mizzis erotische Vorzüge ohnehin stadtbekannt waren, schritt nun die Exekutive ein – und wurde fündig. Marcel Veith wurde verhaftet, vorerst nur wegen unerlaubten Führens des Grafentitels. Bei einer Hausdurchsuchung fand man aber auch Material, das einen Verstoß gegen den Kuppelei-Paragraphen bestätigte. Veith hatte seine schöne Tochter ab ihrem fünfzehnten Lebensjahr an zahlende Kunden vermittelt.

Während der Vater nun im Gefängnis saß, begann Mizzis eigentliche Tragödie. All ihre einflußreichen Liebhaber wollten nichts mehr von ihr wissen, da sie fürchteten, in den aufsehenerregenden Skandal verwickelt zu werden. Sie war über Nacht allein, verarmt, fand keine Freier mehr.

Eines Tages wurde ihre Leiche aus dem Donaukanal gezogen. Mizzi Veith hatte sich ertränkt.

Der Prozeß gegen ihren Vater wurde dann zum größten Gesellschaftsskandal dieser Zeit. Denn das Gericht hatte Mizzis Tagebuch aus dem Jahre 1906 entdeckt, in dem die Namen all ihrer prominenten Kunden samt

pikanter Details aufgelistet waren. Scheidungen waren
die Folge, Karrieren gingen über Nacht zu Ende, Ehe-
männer wurden plötzlich treu, weil sie fortan ähnliche
Skandale fürchteten.

Marcel Veith, der einst als Kavallerieoffizier Adjutant
des Erzherzogs Johann Salvator (des späteren Johann
Orth) gewesen war, wurde zu einem Jahr schweren Ker-
kers verurteilt.

Arthur Schnitzler bewegte das Schicksal der »Komtesse Mizzi« so sehr, daß er 1909 das gleichnamige Theaterstück schrieb.

## Von der »Ungeheuerlichkeit des Trinkgeldgebens«

Professor Edmund Bernatzik, einer der bedeutendsten
Rechtsgelehrten im alten Österreich, war ein bei den
Studenten der Universität Wien gefürchteter Prüfer.
Als eines Tages ein Kandidat aus höchstem Adel zum
Rigorosum antrat, erkannte Bernatzik schnell, daß die-
ser die Karriere eher auf seine Beziehungen als auf sein
Wissen aufzubauen gedachte. Quälend schleppten sich
Lehrer und Student von einer Frage zur anderen. End-
lich platzte Bernatzik der Kragen und er sagte: »Herr
Kandidat, daß Sie einmal Minister werden, kann ich
nicht verhindern – aber ich kann's verzögern.«
Er stand auf, nahm seinen Hut und ging. Der fürstliche
Kandidat war durchgefallen.

Es gehörte zu den Marotten des Juristen Rudolf von Ihering, der auch an der Universität Wien lehrte, Studenten auf die »Ungeheuerlichkeit des Trinkgeldgebens« hinzuweisen. Ja, er plante sogar die Veröffentlichung eines Buches mit dem Titel *Das Trinkgeld*. Nachdem er einmal in einem Gasthaus über dieses Thema diskutiert hatte, rundete Ihering beim Zahlen die Rechnung auf. Worauf sich ein Student wunderte: »Herr Professor, Sie und Trinkgeld?«

»Sagen Sie's nicht weiter«, erwiderte Ihering, »mein Buch ist ja noch nicht erschienen!«

## Seitensprünge mit unterschiedlichem Ausgang

Die Ermordung des Wiener Opernstars Trajan Grosavescu hatte in der Zwischenkriegszeit für unerhörtes Aufsehen gesorgt. Der große Tenor war der Liebling der Wiener – vor allem aber der Wienerinnen. Noch in der Vorstellung vom 14. Februar 1927 lagen ihm die Frauen im Publikum zu Füßen, als er mit unverwechselbarem Timbre in Verdis *Rigoletto* die Partie des Herzogs von Mantua sang. Am nächsten Tag war er tot, Opfer der krankhaften Eifersucht seiner Frau. Sie wollte ihn für sich allein haben, ertrug es nicht, ihn mit so vielen anderen teilen zu müssen. Nelly Grosavescu erschoß ihren Mann – vor den Augen ihrer Schwester – in der ehelichen Wohnung auf der Lerchenfelder Straße, und zwar »wegen vermuteter Untreue«, wie es im Polizeiakt hieß.

Die sterblichen Überreste des Sängers wurden traditionsgemäß dreimal um die Stätte seiner Triumphe, um das Gebäude der Wiener Staatsoper, getragen und dann in seine rumänische Heimat überführt. Frau Grosavescu wurde verhaftet, wobei sich im Zuge der polizeilichen Erhebungen herausstellte, daß sie bereits ihren ersten Mann mit krankhafter Eifersucht verfolgt hatte. Da sie im Gefangenenhaus jegliche Nahrungsaufnahme verweigerte, mußte sie bald ins Inquisitenspital überstellt werden. Die Geschworenen sprachen Nelly Grosavescu in dem Mordprozeß frei, nachdem ihr die Gerichtsärzte eine »nervöse Überreizung als Folge einer Fehlgeburt« zugestanden hatten.
So viel also zu dem tragischen Mordfall.

Was Trajan Grosavescu in der Oper, das war Alexander Moissi am Theater: der Liebling des Publikums – vor allem des weiblichen. Moissi war mit der Schauspielerin Johanna Terwin verheiratet, die sich längst an den diesbezüglichen Kummer gewöhnt hatte.
Als sie den Bericht von der Ermordung Grosavescus las, legte sie seelenruhig die Zeitung aus der Hand und sagte zu einer Freundin, die gerade anwesend war: »Da müßte ich mir ja ein Maschinengewehr zulegen, wenn ich meinen Mann bei jedem Seitensprung erschießen wollte.«

# Zu spät gefragt

Alfred Polgar zitiert das Gespräch eines Gefängnisdirektors mit einem armen Sünder, der am nächsten Morgen am Galgen sterben sollte. »Was wünschen Sie zum Abendbrot?« fragte der Direktor. »Sie dürfen essen und trinken, was und wieviel Sie wollen.«
»Schade!« sagte der Delinquent. »Schade! Wenn Sie mich das drei Monate früher gefragt hätten, wäre der ganze Raubmord nicht passiert.«

# Besitzer von einem Sing-Sing-Spielhaus

Das Wiener *Apollo*, heute ein Kino, war 1904 als Konkurrenz zum Ronacher errichtet worden und wurde dann ein Vierteljahrhundert lang als Varieté-, Revue- und Operettenbühne geführt, in der Stars wie Charlie Chaplin, Rastelli, Grock und die später als Spionin zum Tod verurteilte Nacktänzerin Mata Hari gastierten.
Der Gründer des Vergnügungszentrums, das auch ein elegantes Hotel beherbergte, war der Theaterunternehmer Ben Tiber, der es in Amerika zu sagenhaftem Reichtum gebracht hatte, was zu der Schlußfolgerung führte, er hätte sein Geld eher mit zwielichtigen denn mit künstlerischen Geschäften gemacht. In Wien witzelte man: »Ben Tiber kommt aus Amerika. Er war dort Besitzer von einem Sing-Sing-Spielhaus.«

## Der Polizeipräsident im gestohlenen Dienstwagen

Als der legendäre Josef »Joschi« Holaubek 1947, in den Wirren der Nachkriegszeit, von Bundeskanzler Leopold Figl zum Polizeipräsidenten von Wien ernannt wurde, herrschte bei der Exekutive ein eklatanter Mangel an Personal und an Einsatzwagen. »Als Dienstfahrzeug wurde mir ein alter *Daimler* zugewiesen – und der hätte mich beinahe selbst mit dem Gesetz in Konflikt gebracht«, erzählte Holaubek. »Beim Allgemeinen Krankenhaus hielt mich ein Herr auf. ›Geben Sie mir sofort mein Auto‹, rief er, ›sonst gehe ich zur Polizei, Sie fahren mit meinem Wagen.‹«

Der Herr hatte recht, der alte *Daimler* war, wie sich bei einer Überprüfung des Falles herausstellte, von der Polizei als Diebsgut sichergestellt und »Joschi« irrtümlich zur Verfügung gestellt worden. So kam's, daß der Wiener Polizeipräsident seine erste Ausfahrt in einem gestohlenen Auto zurücklegte.

Wußten Sie übrigens, warum Wiens Polizisten im Volksmund »Mistelbacher« genannt werden? Holaubek weiß es: »Polizeipräsident Johannes Schober ließ in den dreißiger Jahren in der niederösterreichischen Gemeinde Mistelbach eine Polizeischule errichten. So kam es zu diesem Spitznamen.«

# »Nur für Großkopferte«

Holaubek war noch lange nicht als »Joschi« populär, da langte 1952 Wiens Pummerin ein. Als der Polizeipräsident zum gesperrten Stephansplatz wollte, hielt ihn ein junger Polizist zurück: »Herr, dort haben Sie nix verloren, dort sitzen nur die Großkopferten!«

Für die Sicherheit der Staatsgäste verantwortlich, beschützte Josef Holaubek Großbritanniens Königin Elizabeth, den Schah von Persien, Tito, Kennedy und Chruschtschow. »Der wurde von der Bevölkerung sehr herzlich aufgenommen, weil er eine Reduktion der Erdöllieferung an die UdSSR genehmigt hatte«, erinnerte sich Holaubek. »Davon profitierte Innenminister Josef Afritsch, der Chruschtschow sehr ähnlich sah. Afritsch fuhr im offenen Wagen, und die Wiener jubelten ihm zu, denn alle glaubten, das sei Nikita Chruschtschow. Der aber schlief auf dem Rücksitz, um sich von den Strapazen des Staatsbesuchs zu erholen.«

Auf dem Wiener Ballhausplatz fand 1970 eine gewaltige Bauerndemonstration statt. Als die Landwirte mittags in die nahegelegenen Gasthäuser pilgerten, verstellten siebenhundert stehengelassene Traktoren die Stadt, wodurch der Verkehr total zusammenzubrechen drohte. Wie reagierte »Joschi« Holaubek in so einer Situation? »Ich hab' meine Leut' in die Wirtshäuser geschickt und den Bauern sagen lassen: ›Leutl'n, wann's mehr als a Viertel trinkt's, dann seid's den Führerschein los.‹« Womit die Demonstration beendet war.

Endgültig zur Legende wurde »Joschi«, als er ein Jahr später – selbst unbewaffnet – einem schwerbewaffneten Ausbrecher aus der Strafanstalt Stein, der sich in einem Haus verbarrikadiert hatte, zurief: »Kumm auße, i bin's, dei Präsident.« Und ihn festnahm.

Als Josef Holaubek 1972 in Pension ging, war dies für Hans Weigel »der Abschied von einem Wahrzeichen«.


## »Du sollst stehlen!«


Das siebente Gebot – du sollst nicht stehlen – existiert in meinem Beruf nicht«, sagte Maxi Böhm einmal. Denn im Kabarett wird selbstverständlich gestohlen oder sagen wir's eleganter: auf Altbewährtes zurückgegriffen.
Die Gerichtsverfahren, die es in diesem Zusammenhang gab und gibt, sind Legende: So spielt ein Farkas-Sketch in einer Altkleiderhandlung, deren Besitzer den Umsatz an gebrauchten Herrenanzügen damit zu steigern versucht, daß er eine prall gefüllte Brieftasche in die jeweilige Hose steckt. Im Portemonnaie befindet sich natürlich nur kleingeschnittenes Zeitungspapier, doch jeder kauft – in der Hoffnung, der Erstbesitzer des Anzugs hätte seine Brieftasche darin vergessen.
Ein Theaterverlag klagte nach Farkas' Tod dessen Erben, mit der Begründung, der Sketch stamme von dem ungarischen Autor Karl Noti. Vor Gericht stellte sich heraus, daß dieser tatsächlich viel früher schon

einen Sketch ähnlichen Inhalts geschrieben hatte. Doch dann langte eine Eidesstattliche Erklärung des aus Ungarn stammenden Schriftstellers György Sebestyen mit dem Hinweis ein, daß die im Sketch geschilderte Methode tatsächlich zu den Tricks der Budapester Altkleiderhändler gehörte. Die Idee ist somit »allgemeines Gut« und entbehrt jeglicher Urheberrechtsansprüche. Die Farkas-Erben gewannen das Verfahren.

Apropos Prozeß gewonnen – es gibt ja praktisch kein Stichwort ohne eine Farkas-Pointe. Also sprach Karl Farkas einmal auf der Simpl-Bühne: »Wenn ein Anwalt einen Prozeß gewinnt, dann schreibt er seinem Klienten: ›Ich teile Ihnen mit, daß ich Ihren Prozeß gewonnen habe.‹ Wenn er ihn verliert, schreibt er: ›Teile Ihnen mit, daß Sie verloren haben.‹«

## Mary Vetsera ist nicht abgängig

Vielleicht erinnern Sie sich noch an den spektakulären Grabraub der Mary Vetsera. Ein Linzer Möbelhändler namens Flatzelsteiner hatte damals wochenlang für Schlagzeilen gesorgt, nachdem er mich in der Redaktion besucht und mir mitgeteilt hatte, daß er im »Besitz« des Skeletts der 1889 so tragisch verstorbenen Baronesse Mary Vetsera sei. Der Rest der Geschichte – ist Geschichte.

Am Rande des aufsehenerregenden Geschehens kann ich noch mit einer amüsanten Episode aufwarten.

Nachdem mir Herr Flatzelsteiner erzählt hatte, wie er zum gestohlenen Skelett der Geliebten des Kronprinzen Rudolf gekommen sei, und nachdem ich nach rund dreiwöchiger Recherche zu der Überzeugung gelangt war, daß an der so absurd klingenden Geschichte tatsächlich etwas dran sein könnte, fuhr ich ins Wiener Sicherheitsbüro, um Anzeige wegen Verdachts der Störung der Totenruhe zu erstatten. Das war am 21. Dezember 1992.

In Anwesenheit des Rechtsanwalts Dr. Herbert Eichenseder lauschten meinen – zugegeben etwas verrückt klingenden – Ausführungen der Chef des Sicherheitsbüros, Hofrat Max Edelbacher, und einige seiner Mitarbeiter. Ich erzählte von Herrn Flatzelsteiner und von seiner Version, wie er zu Marys sterblichen Überresten gekommen sei.

Plötzlich stand ein junger Kriminalbeamter auf, öffnete die Tür, verließ das Zimmer. Und kehrte etwas später mit einer Fahndungsliste in der Hand zurück. »Herr Markus«, sagte er mit strengem Blick in meine Richtung, »ist ja alles schön und gut, was Sie uns da erzählen. Aber eine Person namens Mary Vetsera ist bei uns nicht als abgängig gemeldet.«

Der junge und in den Geschichtswissenschaften nicht unbedingt sattelfeste Polizeibeamte hat dann anderntags aus der Zeitung erfahren, wer Mary Vetsera war. Und daß der Zeitpunkt ihrer »Abgängigkeit« schon mehr als hundert Jahre zurückliegen mußte.

# Die seltsame Fürstin V.

Noch ein persönliches Erlebnis in Zusammenhang mit einem spektakulären Kriminalfall. Als junger Reporter machte ich die Bekanntschaft der Fürstin Milica Vulko-Bronko, die damals als angesehene Journalistin in Wien tätig war.

Ihre Vorgeschichte freilich hatte in den letzten Jahren der Monarchie und am Beginn der Ersten Republik ungeheures Aufsehen erregt. Die in Korneuburg geborene, aus serbischem Adelsgeschlecht stammende Tochter des Bezirkshauptmannes von Gmunden besuchte die Lehrerbildungsanstalt in Wien und verliebte sich in deren Direktor Piffl – den Bruder des Wiener Erzbischofs Kardinal Dr. Friedrich Gustav Piffl. Im März 1917 erkrankten Piffls Frau und dessen Kinder. Der Arzt erkannte in allen Fällen Vergiftung durch Arsen. Die junge Lehrerin wurde wegen mehrfachen Mordversuchs angeklagt und zu einer zweijährigen Kerkerstrafe verurteilt.

Nach ihrer Freilassung arbeitete sie als Kontoristin des Verlegers Stuelpnagel. Nun verliebte sie sich in diesen und wurde 1922 von ihm schwanger. Noch einmal griff die Fürstin zu Gift. Auch Frau und Kinder des Verlegers litten an Vergiftungserscheinungen. Im Zuge der Untersuchung wurde Blei im Blut der Opfer festgestellt. Die schöne Milica wurde wieder verhaftet und verlor in Folge der Aufregung ihr Kind. Noch einmal wegen Mordversuchs verurteilt, mußte sie nun für drei Jahre ins Gefängnis.

Nach ihrer neuerlichen Freilassung im Jahre 1925

änderte sie ihren Namen und begann in Wien als Journalistin zu arbeiten.

Ich erlebte die damals schon recht betagte Dame Anfang der siebziger Jahre auf Pressekonferenzen und bei ähnlichen Veranstaltungen. Elisabeth T. – sie hatte ihren Namen geändert und schrieb für Zeitungen und für eine große Presseagentur – war eine stattliche Erscheinung und machte den Eindruck einer dominanten Persönlichkeit. Ich erinnere mich, daß sie mit prominenten Politikern per Du war, wiewohl jeder über ihr Vorleben Bescheid wußte.

Wenn das Wort Resozialisierung in irgendeinem Fall seine Berechtigung hat – für sie traf es wahrlich zu. Elisabeth T. konnte ihre Taten zwar nicht ungeschehen machen. Aber sie hat in ihren letzten fünfzig Jahren doch noch bewiesen, daß sie ein Leben als durchaus respektiertes Mitglied der Gesellschaft zu führen imstande war. Die Dame mit der seltsamen Biographie starb 1973 im Alter von fast achtzig Jahren in Wien.

## Ein friedliches Hotelzimmer

Tragisches Geschick und Heiteres sind einander oft ganz nah. Man schrieb den 14. Juni 1993, an dem ein Gangster in Wien-Döbling eine Bank überfiel, um daraufhin in einem nahegelegenen Kindermodengeschäft vier Geiseln zu nehmen. Die Kriminalaffäre endete tragisch. Ein junger Polizist wurde von dem Verbrecher erschossen, der sich kurz danach selbst das Leben nahm.

Am Rande des Schrecklichen trug sich eine tragikomische Geschichte zu: Eine alte Dame, die 1938 aus Wien nach New York emigriert war, hielt sich gerade in ihrer Heimatstadt auf. Endlich wieder in Wien, nach so vielen Jahren! Wie glücklich war sie, wenigstens für ein paar Tage das laute Manhattan gegen das friedliche Döbling tauschen zu können. Die Kriminalität in New York, so sagte sie zu ihren Wiener Verwandten, sei nicht mehr zu ertragen, als alte Frau wage man sich dort kaum noch aus dem Haus. Wie schön, wieder in Wien zu sein, in der Stadt ihrer Kindheit, in der man sogar nachts allein durch verträumte Gassen schlendern könne.

Die rüstige Dame hatte sich in einem Hotel auf der Döblinger Hauptstraße einquartiert und genoß die Mittagssonne jenes Frühlingstages, als plötzlich, ohne vorherige Ankündigung, die Türe ihres Zimmers aufgerissen wurde. Ein mit Maschinengewehren bewaffneter Trupp der Alarmabteilung der Wiener Polizei stürmte das kleine Appartement und zerrte die fassungslose Frau aus ihrem gerade noch so friedlichen Hotelzimmer. Das Schicksal wollte es, daß gerade ihre Fenster die beste Schußlinie zum gegenüberliegenden Kindermodengeschäft boten, in dem sich der Geiselgangster verbarrikadiert hatte.

Und dann ging's los: Die Polizisten ließen aus dem Fenster der Wien-Besucherin ein in der Kriminalgeschichte selten dagewesenes Trommelfeuer von 1200 Schuß (!) in Richtung Geiselgangster los, nachdem dieser auf die Polizisten geschossen hatte.

Die alte Dame ist bald darauf wieder zurückgekehrt ins laute New York, um sich von Wien, der ruhigsten und sichersten Stadt der Welt, erholen zu können.

# »Der Farkas? Hut auf!«

## Und andere Gemeinheiten
## aus dem Kabarett

*»Das Kabarett ist ein künstlerisches Unternehmen,
welches so lange Programme von hohem Niveau im tiefen
Keller produziert, bis es ihm gelungen ist, den höchsten Betrag
an Vergnügungssteuer – schuldig zu bleiben.«*

KARL FARKAS

## ». . . daß es nix zu lachen gibt«

Die Schauspielerin Hilde Krahl trat bereits mit sechzehn Jahren im Kabarett Literatur am Naschmarkt auf. Die Glanznummer ihres ersten Programms war eine Parodie auf Paula Wesselys Rolle in dem 1935 gedrehten Film *Episode*. Rudolf Weys, Direktor der kleinen Kabarettbühne, war begeistert von der jungen Krahl und sagte: »Die ist hinreißend, ihr werdet sehen, die wird noch ganz groß!« Entsetzt hielt ihn sein Kollege Walter Engel zurück: »Sei still! Wenn sie dich hört, können wir sie nicht mehr bezahlen!«

Während die Erinnerung an Karl Farkas bei vielen Österreichern immer noch sehr lebendig ist, geriet der Kabarettist Fritz Grünbaum allzu früh in Vergessenheit. Dabei war er zwischen den Kriegen der kongeniale Farkas-Partner in der Doppelconférence.
Grünbaum gilt als Erfinder der modernen Conférence. »Ein Conférencier«, sagte er, »ist einer, der dem Publikum möglichst heiter zu erklären versucht, daß es heutzutag' nix zu lachen gibt.«

Hier ein Beispiel dafür, worüber das Simpl-Publikum in einer Zeit lachte, als es tatsächlich »nix zu lachen« gab. Aus einer Doppelconférence des Jahres 1937, in der es anhand der Frage, wieviel die Ausrüstung einer Armee kostet, um den »Sinn« eines drohenden Krieges ging:

FARKAS: Kostet ein U-Boot mehr als eine Million?

GRÜNBAUM: Viel mehr!

FARKAS: Und wieviel U-Boote hat so a Staat?

GRÜNBAUM: Hunderte.

FARKAS: Ein horrendes Geld!

GRÜNBAUM: Und dazu kommen noch die Schlachtschiffe!

FARKAS: Also, genaugenommen kostet doch so ein Krieg ein Vermögen?

GRÜNBAUM: Natürlich.

FARKAS: Und was kostet der Frieden?

GRÜNBAUM: Gar nix.

FARKAS: Da wär's doch praktischer, Frieden zu halten.

GRÜNBAUM: Die Völker sind eben für den Luxus …

## Grünbaums »bester Freund«

Zwischen Grünbaum und Farkas kam es zu einer – teils echten, teils gespielten – Rivalität. Und so sagte Grünbaum seinen »Widersacher« Farkas auf der Bühne an: »Meine Lieben! Sie haben doch sicher schon davon gehört, daß ein Mensch, der plötzlich einer drohenden Gefahr gegenübersteht, in Sekundenbruchteilen sein ganzes Leben an sich vorüberziehen sieht. Mir ist das heute so ergangen: Ich wollt' die Kärntner Straße überqueren, da rast ein Automobil auf mich zu – ich hab' schon deutlich gesehen, wie ich unter die Räder komm.

Und in diesem Moment, als mein ganzes Leben an mir vorüberhuschte, hab' ich ein Gelübde getan: Wenn ich aus dieser Gefahr gesund herauskomme, werde ich ab jetzt immer zu allen Menschen gut und freundlich sein. Ich werde jeden, auch wenn ich ihn nicht schmecken kann, behandeln, als wäre er mein bester Freund. Als nächster im Programm kommt jetzt mein bester Freund Karl Farkas!«

In einer anderen Doppelconférence suchen die beiden eine Handlung für ihre neue Revue und denken auf offener Bühne laut darüber nach:

GRÜNBAUM: Ich möchte für diese Revue einen Stoff aus dem Leben.

FARKAS *(fällt etwas ein)*: Ich gehe vorgestern durch die Kärntner Straße – ein gellender Pfiff, ein Mann in jagender Hast an mir vorbei, trägt einen Frauenhut . . .

GRÜNBAUM: Auf dem Kopf?

FARKAS: In der Hand! Hinter ihm die Polizei. Der Mann hatte nämlich in dieser Nacht viermal in ein und demselben Maßsalon einen Einbruch verübt.

GRÜNBAUM: Da muß er ja den ganzen Laden ausgeräumt haben.

FARKAS: Nein, einen einzigen Hut hat er gestohlen – für die Frau, die er liebte!

GRÜNBAUM: Warum mußte er wegen eines einzigen Hutes viermal einbrechen?

FARKAS: Sie hat ihn immer wieder zurückgeschickt – umtauschen!

Apropos Hut. Über seinen Konkurrenten befragt, sagte Grünbaum einmal: »Der Farkas? Hut auf!«

# Hermann Leopoldi geht pleite

Hermann Leopoldi, Wiens populärem Klavierhumoristen, verdanken wir Schlager wie *Schön ist so ein Ringelspiel*, *I bin a stiller Zecher* oder *In einem kleinen Café in Hernals*. Als er einmal mit seiner Frau Jenny die Sommerferien in Velden verbrachte, verkaufte sein lebenslustiger Sohn Norbert, um ein Abenteuer zu finanzieren, die gesamte Einrichtung der Wiener Wohnung seiner Eltern. Die staunten nicht schlecht, als sie, vom Urlaub heimgekehrt, ihre leere Wohnung vorfanden.

Der Herr Papa hatte Verständnis für derlei Eskapaden, die seine eigenen hätten sein können . . .

Denn auch Hermann Leopoldi selbst liebte das schöne Geschlecht, und sein Geld legte er beim Pferderennen in der Krieau an. So war's kein Wunder, daß Leopoldi mit seinem Kabarett *L. W.* (so genannt nach Leopoldi und seinem Kompagnon Wiesenthal) bald pleite ging. Daß er keine Ahnung vom Geschäft hatte, beweist die folgende Geschichte: Zu den Stammgästen des *L. W.* in der Wiener Rothgasse zählten Peter Altenberg, Egon Friedell, Fritz Grünbaum, Karl Farkas und auch Anton Kuh – letzterer ein begnadeter Schnorrer.

»Geh' Leopoldi, kannst du mir nicht tausend Schilling borgen?« fragte der einmal, und Leopoldi gab ihm das Geld bereitwillig. Zwei Wochen später kam Anton Kuh wieder und sagte: »Leopoldi, da war irgendwas mit tausend Schilling – ich weiß jetzt nimmer: Hab' ich's dir geborgt oder du mir?«

Leopoldi, der Geschäfts-Untüchtige, soll geantwortet haben: »Is' ja wurscht!«
Und seine tausend Schilling hat er nie wieder gesehen.
Auf diese Weise mußte er mit seinem Kabarett pleite gehen.


## Wer stirbt hier eigentlich


Er war ein begnadeter Witzeerzähler, und das Lied, mit dem er berühmt wurde, hieß *Schau' ich weg von dem Fleck, ist der Überzieher weg*. Viele Jahre glänzte Armin Berg an der Seite von Karl Farkas am Wiener Kabarett Simpl, wo ihn Fritz Grünbaum einmal so ansagte: »Ich bin mit einem dicken Buben in die Volksschule gegangen, der hat immer Witze erzählt. Er wird heut' abend dieselben Witze erzählen, er wird immer Witze erzählen. Jetzt frag' ich mich: Was wird der Armin Berg machen, wenn er einmal erwachsen ist?«

Und diesen Witz (wir fanden ihn in seinem Nachlaß) erzählte Armin Berg kurz nach dem Zusammenbruch der Monarchie, als man sich langsam darüber im klaren wurde, wie klein und unbedeutend der übriggebliebene Rest war: Fragt der Kohn den Löwy: »Was machst du am Sonntag?«
»Ich mach einen Ausflug rund um Österreich.«
»Gut. Und was machst du am Nachmittag?«

Herr Maier, erzählte Armin Berg ein andermal, fuhr mit Frau, Tochter und deren Bräutigam nach Baden. Bei der Rückreise ist die Badner Bahn so überfüllt, daß nur noch Herr und Frau Maier mitfahren können, Tochter und Galan aber in Baden zurückbleiben müssen. Sagt Frau Maier zu ihrem Mann: »Schrecklich, jetzt sind die jungen Leute allein zurückgeblieben. Was werden sie nur machen?«

»No, was werden sie machen: Nachkommen!«

Noch ein »echter Berg«: Morgenstern liegt im Sterben. Er ruft seine Frau und erklärt ihr, wie das Erbe verteilt werden soll. »Die silberne Uhr kriegt der Sami!«

»Warum der Sami?« wendet die Frau ein, »du weißt, daß der Moritz so gern die Uhr gehabt hätte.«

»Schön«, sagt Morgenstein, »soll der Moritz die Uhr bekommen. Aber die Tabatiere kriegt Robert.«

»Robert?« murrt die Frau, »wo sie doch dem Oskar so gut gefällt!«

»Meinetwegen, gib sie dem Oskar. Und der große Teppich dort gehört Olga.« »Olga? Rosa möcht' sich so sehr freuen damit!«

Da wird Morgenstern böse: »Jetzt hör' endlich auf zu widersprechen! Sterb' ich oder stirbst du?«

Während des Krieges traf Armin Berg im New Yorker Emigranten-Kabarett *Old Europe* auf seinen Freund Karl Farkas. In einer Doppelconférence gingen sie nun auf die Legende ein, wie leicht es sei, in Amerika reich zu werden:

FARKAS: Armin, wie lange bist du jetzt schon in Amerika?
BERG: Seit drei Jahren.

FARKAS: Na, und wie schlägt man sich so durch als armer Emigrant?

BERG: Wunderbar, völlig problemlos. Ich kenne sogar einen Mann, der ist in dieser Zeit, hier in Amerika, zum Millionär geworden. Er war ein bettelarmer Wiener, der mit demselben Schiff wie ich herübergekommen ist.

FARKAS: Großartig. Wie hat er das gemacht?

BERG: Im ersten Jahr war er Schuhputzer, im zweiten Tellerwäscher, im dritten Zeitungsverkäufer.

FARKAS: Na, und? . . .

BERG: . . . und dann ist seine Tante in der Schweiz gestorben und hat ihm zwei Millionen Franken hinterlassen!

Als Armin Berg 1956 mit 72 Jahren in Wien starb, erbte Maxi Böhm dessen Archiv. Es wurde zum Grundstein einer legendären Witzesammlung.

## Zeitgeschichte mit Karl Farkas

Blättert man im Nachlaß von Karl Farkas, kann dem Betrachter unser Jahrhundert in Conférencen, Sketches und Bilanzen lebendig werden. Ein paar Beispiele.

1914, *Kriegserklärung*. Farkas später im Simpl: »Einen Krieg muß man nämlich erklären. Sonst versteht ihn keiner!«

*Krieg*, definierte er auch, besteht darin, daß Menschen einander töten, ohne einander zu kennen, und zwar auf Befehl von Leuten, die einander sehr gut kennen, aber sich hüten werden, sich gegenseitig umzubringen.«

Die schweren *zwanziger Jahre*. Farkas, ein junger, mittelloser Schauspieler, war Stammgast im Café Central: »Gleich nach dem Mittagessen kamen wir hin, haben unzählige Gläser Wasser und Zeitungen konsumiert, um vier Uhr nachmittag sagten wir dann zum Ober: Jean, reservieren Sie meinen Stuhl, ich geh' nur rasch nach Hause einen Kaffee trinken.«

Als 1931 die *Boden-Creditanstalt* und andere Banken ihre Zahlungen einstellten: »Leute mit Plattfüß' sind heute die glücklichsten. Sie sind die einzigen, die ihre Einlagen herausnehmen können.«

Danach, das *Wirtschaftswunder*: »Wenn einer *500 Schilling* schuldig ist, ist er ein Schnorrer, bei *50 000* ein Geschäftsmann, bei *50 Millionen* ein Finanzgenie. Bei *500 Millionen* – die Regierung.«

*Defizit*, meinte er auch, »ist das, was man weniger hat, als man gehabt hat, als man nichts gehabt hat.«

1955, *Staatsvertrag*: »Auf dem Balkon des Belvedere halten die Vertreter der großen Vier sich bei den Händen – morgen werden sie uns wahrscheinlich schon wieder bei der Gurgel halten.«

Nur eine seiner Pointen hat sich inzwischen überholt: »Der *Kommunismus* ist eine gewaltige Idee, die nur den Nachteil hat, daß sie sich verwirklichen läßt.«
Sie läßt sich nicht.

# Farkas sucht einen Chauffeur

Als Karl Farkas 1928 mit Erfolg seine Führerscheinprüfung absolviert hatte, nahm ihn der Prüfer beiseite und sagte:»Herr Farkas, Sie kriegen Ihren Führerschein. Aber jetzt lernen S' bitte autofahren!« Er lernte es nicht. War aber klug genug, sich nie mehr ans Steuer zu setzen. Denn dem »zerstreuten Professor«, der er schon war, als er noch lange nicht mit diesem Titel ausgezeichnet wurde, gingen tausend Ideen durch den Kopf, er dachte immer ans nächste Programm, statt sich auf den Straßenverkehr zu konzentrieren. Sein Buick, amtliches Kennzeichen A 4.203, wurde daher vor dem Krieg ausschließlich von seiner Frau Anny gefahren, nach dem Krieg fand er meist irgendein »Opfer«, das ihn nach Hause führte.

Einmal bot sich Walter Stern, der Schwiegersohn des Simpl-Besitzers Baruch Picker, an, Farkas – spätnachts nach der Vorstellung – zu chauffieren. Der Altmeister des Wiener Kabaretts stieg in den Wagen ein. Herr Stern fragte:»Wie fahren wir?« und Farkas antwortete nur:»Geben Sie Gas, ich sag Ihnen schon, wie's weitergeht. Da vorne fahren Sie rechts, . . . jetzt geradeaus über die Kreuzung drüber . . . hier biegen Sie nach links ein . . .« Bei der Spinnerin am Kreuz, weit draußen am Stadtrand, fragte Herr Stern schüchtern:»Entschuldigen Sie, Herr Farkas, ich dachte, Sie wohnen in der Neustiftgasse.«

»Ja, ja«, war Farkas nicht aus der Fassung zu bringen, »aber am Samstag fahr ich immer nach Edlach an der Rax.« Sprach's, ließ sich genüßlich zurückfallen und zu seinem Wochenendhaus, hundert Kilometer von Wien entfernt, chauffieren. Dort pflegte er seinen spielfreien Sonntag zu verbringen.

## Wie man vom Radiohören schlank wird

Auf den ersten Blick hätte man diesen sympathischen, ruhigen Mann sicher nicht für einen Humoristen gehalten. Doch Hugo Wiener hatte das seltene Talent, Pointen anzuziehen. Wo er hingriff, konnte gelacht werden. Als Farkas nach dem Krieg aus der amerikanischen Emigration nach Wien zurückkehrte, mußte er den schier unlösbar erscheinenden Versuch unternehmen, einen Nachfolger für seinen im KZ Buchenwald ermordeten Freund Fritz Grünbaum zu suchen. Er fand ihn in Ernst Waldbrunn. Und Hugo Wiener schrieb die Texte für einen Großteil der Doppelconférencen des neuen Kabarett-Gespanns. Hier zwei Beispiele.

WALDBRUNN: Ich habe einen Kurs für Erste Hilfe absolviert und ich konnte meine Kenntnisse sogar schon einmal anwenden. Heuer im Winter, Glatteis – vor mir ein Mann mit einem Spazierstock – stürzt, bricht sich das Bein, ich sofort hin – zerbreche ihn.
FARKAS: Den Mann?
WALDBRUNN: Den Spazierstock. Reiße es in Fetzen.
FARKAS: Das Bein?
WALDBRUNN: Mein Hemd. Schiene ihn, verbinde ihn, bringe ihn ins Krankenhaus. Der Primarius fragt, wer

den Verwundeten so fachgerecht verbunden hat, ich sage: »Ich«, der Arzt sagt: »Wunderbar! Nur leider –«
FARKAS: Leider?
WALDBRUNN: Das falsche Bein!

WALDBRUNN: Bist du ein Fernseher, mein Karl?
FARKAS: Ja.
WALDBRUNN: Ich nicht, ich höre nur Radio, weil ich schlank werden will.
FARKAS: Vom Radiohören wird man schlank? Wer hat dir diesen Unsinn erzählt?
WALDBRUNN: In der Zeitung hab' ich's gelesen. Da stand: »Seit das Fernsehen eingeführt wurde, haben die Radiohörer rapid abgenommen.«

Fünfzehn Jahre waren Farkas-Wiener ein Team, ehe sie im Streit auseinander gingen. Nachdem sie bereits mehrere *Farkas-Revuen* gemeinsam verfaßt hatten, regte der bescheidene Hugo Wiener an, auf den Plakaten doch die Namen beider Autoren zu nennen, wie es ja auch vor dem Krieg *Die Farkas-Grünbaum-Revuen* gegeben hatte. Farkas war einverstanden: »Wir nennen's jetzt *Die Farkas-Wiener-Revue*«. Doch dann kamen die Plakate, und auf denen stand: *Die Wiener Farkas-Revue.*
1966 ging die Zusammenarbeit der Brettl-Genies endgültig in die Brüche, Hugo Wiener und seine Frau Cissy Kraner verließen den Simpl.

Während Farkas von Fußball keine Ahnung hatte, war sein Doppelconférence-Partner Ernst Waldbrunn ein Fan dieses Sports. Als er einmal zu Farkas sagte: »Du,

Karl, stell dir vor, jetzt haben's den Butzek aufgestellt«, reagierte dieser: »Also, ich hab' meinen Butzek schon seit Jahren nicht mehr aufgestellt.«

Waldbrunn wurde meist mit wesentlich jüngeren Frauen an seiner Seite angetroffen. Beim Opernball 1973 erschien er in Begleitung der schönen holländischen Tänzerin Marijke Baayens. Waldbrunn bewies Humor. In einem Interview zeigte er zuerst auf das Mädchen, dann auf die Orden seiner Frackbrust, und dann sagte er: »Die Orden nimmt mir wenigstens keiner weg!«

## Der »Kojak von Wien«

Nein, also weltberühmt wie Telly Savalas war der Fritzl Heller aus Wien nicht. Aber als Komiker war er einmalig.

Wie bei »Kojak« spielte auch in seinem Fall das dürftige Haarkleid eine nicht unbedeutende Rolle für die Karriere. Cissy Kraner erzählt, daß Heller in der Zwischenkriegszeit nur unter der Bedingung ins Kabarett Femina engagiert wurde, daß er sich den Kopf kahlscheren ließe. Er tat es und erlebte danach seinen Durchbruch.

Während Farkas und Grünbaum die Doppelconférence im Simpl populär gemacht hatten, blödelten Heller und Fritz Imhoff in dieser Disziplin in der Femina: Heller betritt mit einer riesigen Schachtel die Straßenbahn,

Imhoff als Schaffner will für das Paket einen Fahrschein verrechnen. Heller weigert sich zu zahlen, weil sich darin »eine Hoheit« befinde. Zu guter Letzt stellt sich heraus: die »Hoheit« ist ein Radio der Marke *Horny-phon Prinz*.

Um ein Haar (der Ausdruck mag bei Fritz Heller irritieren) wäre er doch noch weltberühmt geworden: Ein Agent des Hollywood-Produzenten *MGM* kam im Februar 1938 nach Wien, um ihn zu engagieren. Bei einem für Mai vereinbarten zweiten Termin sollte der Filmvertrag unterzeichnet werden. Doch da waren die Nazis in Wien und Heller saß in Dachau. Später gelang ihm die Emigration nach Shanghai.

## Von Max Reinhardt zu Max Böhm

Nach dem Krieg spielte Heller in etlichen Filmen mit, darunter neben Peter Alexander im *Weißen Rössl*. Und Farkas holte ihn zu einer Zeit, als noch nicht »Kojak«, sondern Yul Brynner der Welt berühmtester Glatzkopf war, an den Simpl. Ein Sketch spielte beim Friseur: Heller schaut in den Spiegel, erschrickt, schreit den Coiffeur (Heinz Conrads) an: »Was haben Sie denn mit meiner Frisur gemacht?«

Conrads tröstet ihn: »Das ist das allerneueste, eine Brynner-Frisur.«

Darauf Heller: »Ich will keine Brünner Frisur, sondern eine Wiener Frisur!«

Als in den achtziger Jahren in Wien eine Ausstellung über das Kabarett der Zwischenkriegszeit lief, war nur ein einziges Original aus Fritz Hellers Besitz zu sehen, sein Smokingmascherl. Der Grund: Nach Hellers Heimkehr 1947 wurde sein gesamtes Hab und Gut in der Kiste einer Spedition in der Naglergasse aufbewahrt. Die Kiste wurde von Unbekannten aufgebrochen – und sie hinterließen nur das Mascherl.

Eines Abends wurde zum Erstaunen vieler Kollegen in der Simpl-Garderobe verkündet, dem Kleindarsteller Josef Menschik sei das *Ehrenkreuz für Wissenschaft und Kunst* verliehen worden. Da murrte Karl Farkas: »Vielleicht is' er a Wissenschaftler – Künstler is' er jedenfalls kaner!«

Herbert von Karajan wollte eines Abends eine Vorstellung im Kabarett Simpl besuchen, erhielt jedoch an der Kassa keine Karten mehr. Farkas, der beobachtet hatte, wie der Maestro wieder gehen mußte, stellte den Simpl-Direktor zur Rede. »Wissen Sie, wen Sie da weggeschickt haben? Das war Herbert von Karajan, der Welt berühmtester Dirigent.«
Simpl-Chef Picker, ein biederer Spenglermeister, war durch dieses Urteil nicht zu beeindrucken. »Karajan? Bei mir hat er noch nicht dirigiert!«

Als Maxi Böhm Mitglied des Theaters in der Josefstadt wurde, klopfte Ossy Kolmann diesem liebevoll auf die Schulter und sagte lachend: »Das ist der Niedergang der Josefstadt – von Max Reinhardt zu Max Böhm!«

# Der »Herr Karl« hieß eigentlich »Herr Max«

Ja, es hat ihn wirklich gegeben, den *Herrn Karl*, er war nicht bloß eine von Helmut Qualtinger erfundene Kunstfigur. Der Schauspieler Nikolaus Haenel kann als Kronzeuge die Entstehungsgeschichte dieses wienerischen Anti-Helden erzählen.

Haenel trat 1960 neben Qualtinger im Kabarettprogramm *Dachl überm Kopf* im Theater am Kärntnertor auf. »Vor der Vorstellung«, erinnert er sich, »trafen Qualtinger und ich uns öfter im *Top*, einem kleinen Geschäft, Ecke Führichgasse/Tegetthoffstraße, in dem seltsamerweise Delikatessen und Einrichtungsgegenstände verkauft wurden.«

Als das *Dachl überm Kopf* abgespielt war, hatte Haenel drei Monate kein Engagement. Und da arbeitete er als Geschäftsdiener im *Top*. Gegen Ende dieser Tätigkeit »wurde mein Nachfolger eingestellt, den ich in die Arbeit einzuweisen hatte. Er hieß Herr Max und war an der Arbeit (Nachfüllen der Regale, Boden aufwischen etc.) nicht sehr interessiert.« Statt dessen erzählte er Haenel »in einer sehr anschaulichen, theatralischen Weise« aus seinem Leben.

Haenel wußte, »daß Qualtinger auf der Suche nach einer Figur war, die man als Nazi hätte bezeichnen können. Herr Max erzählte, daß er ein Parteigenosse gewesen war. Seine Geschichten waren so eindrucksvoll, daß ich Qualtinger anrief, wir uns im *Halali* am Neuen Markt trafen und ich dort nacherzählte, was mir Herr Max im Geschäft vorgespielt hatte. Qualtinger wieder begab sich am nächsten Tag zu Carl Merz und diktierte ihm die Geschichten in die Maschine.«

An den Familiennamen des Herrn Max kann sich Haenel nicht mehr erinnern. In einigen Punkten unterschied sich dessen Leben auch von dem der späteren Bühnenfigur, da – wie Qualtinger sagte – »den echten *Herrn Karl* uns kein Mensch geglaubt hätte«: Die erste Frau war Herrn Max samt Sparbuch durchgebrannt, »meine zweite hatte die Angewohnheit, sich mit meiner Rasiersaaf die Händ' zu waschen. Eines Tages kumm i z'Haus, wascht sie sich wieder damit. Ich pack's bei der Gurgl, druck zua, sie wird erst rot, dann gölb, dann blau – i lauf' naus auf die Gass'n, sag' zu an Taxichauffeur: ›Hör zua, i hab g'rad mei Frau umbracht‹ – in aner solchen Situation is' ma schnö per du mit an Taxler – ›i pack jetzt mein Koffer und du führst mi aussi zu meiner Mutter nach Hernals.‹ Er sagt ›Ja‹, i lauf z'ruck, kummt mir die Frau, die was i g'würgt hab', entgegen, waant, bitt' mi um Verzeihung, schreit, ›I tu's nimmer‹ – aber i bin hart blieben.«

Auch das Ende der Geschäftsdiener-Karriere des Herrn Max findet bei seinem literarischen Pendant, dem *Herrn Karl*, keine Erwähnung: Er wurde fristlos entlassen, »als sich herausstellte, daß die Wermuth-Bestände des *Top* rapid abgenommen hatten und eine Überprüfung seines Köfferchens, in dem er sein Frühstück mitzubringen pflegte, drei Flaschen Martini zutage förderte …«

## Conférencier mit nassen Hosen

Der Autor, Schauspieler und Kabarettist Felix Dvorak war das Kind ehrsamer, armer Leute in Wien. Er erlernte das Zuckerbäckerhandwerk, war Vertreter und Statist, doch das Geld fürs Reinhardtseminar fehlte. Sein Traum, Schauspieler zu werden, ging dennoch in Erfüllung.

Einen seiner ersten Auftritte hatte er zum Jahreswechsel 1955/56 als Conférencier im *Gaudenzdorfer Kino* in Wien. Neben Zauberern, einem Hundedresseur und Stars wie Marianne Schönauer und Else Rambousek stand auch sein Name auf dem Plakat. Wenn auch – aufgrund eines Druckfehlers – »Dwory« statt Dvorak.

Der Achtzehnjährige hatte in dieser Silvesternacht seine Feuerprobe zu bestehen. Denn es klappte gar nichts. Einige der Künstler, die er anzusagen hatte, kamen zu spät und platzten dann mitten in seine Conférence, so daß er kaum je zu der für seine Witze so wichtigen Pointe gelangte. Alles ging schief, der Pudel des Hundedresseurs biß den Zauberer, jemand übergoß Dvorak mit dem Inhalt einer Flasche Sekt, kurz: der gerade noch so hoffnungsfrohe Nachwuchskünstler trat mit nasser Hose auf und in dieselbe drohte der Start seiner Karriere zu gehen.

Das Schlimmste: Else Rambousek kam so spät, daß keiner mehr mit ihrem Erscheinen rechnete. Also versuchte Dwory recte Dvorak mit Parodien auf Johannes Heesters' *Zigarettenlied*, Marika Rökks *In der Nacht ist der Mensch nicht gern alleine* und auf Zarah Leanders *Ich weiß, es wird einmal ein Wunder geschehen* über die Runden zu kommen.

Der Star kam doch noch. Worauf der Kinobesitzer Herrn Dvorak eigenhändig vom Podium drängte und Frau Rambousek auftreten konnte. Als sie dann endlich auf der Bühne stand, wollte sie diese auch nie wieder verlassen. Doch da der Kinobesitzer selbst seinen Silvester feiern wollte, schickte er Dvorak nach dem x-ten Lied der Komödiantin auf die Bühne, um der Veranstaltung ein Ende zu bereiten. Die Rambousek dachte nicht ans Aufhören und verkündete Felix Dvorak coram publico: »Verschwind, hearst, i bin ja no net fertig!«

»Dwory« ging ab, und der Kinobesitzer prophezeite ihm: »Sie werden nie ein Conférencier.« Dann senkte sich der Vorhang und Frau Rambousek verließ die Bühne, ohne Felix Dvorak auch nur eines Blickes gewürdigt zu haben.


## Operettenbesucher glauben alles


Seine nächste Station war die Operette, Dvorak tingelte mit Lehárs *Land des Lächelns* durch ganz Österreich, wobei er sich in der Rolle des Dragonerleutnants Gustl in die zarte Chinesin Mi – die Schwester des Prinzen Sou-Chong – zu verlieben hatte. Unglücklicherweise hatte man dem damals noch schlanken Jüngling eine Partnerin, die mit 1,85 Meter ebenso groß war wie er, zur Seite gestellt. Die »zierliche Chinesin« wog überdies mehr als hundert Kilogramm, stammte – deutlich vernehmbar – aus Ottakring und hätte zumindest seine Mutter sein können. Verzweifelt wandte sich Dvorak in dieser Situation an den Tourneemanager: »Kein Mensch wird mir glauben, daß ich mich in diese Frau verliebe!«

»Junger Mann«, entgegnete der erfahrene Theatermann, »Leute, die sich Operetten anschauen, glauben alles!«

# Bundeskanzler für einen Tag

## Politiker haben's schwer

*»Wenn man gewählt worden ist,
ist es leicht, sich gewählt auszudrücken.«*

HELMUT QUALTINGER

# Von Breisky bis Kreisky

Auf den ersten Blick verbindet die Herren Breisky und Kreisky nicht viel mehr als ihre beinahe identen Namen. Auf den zweiten haben sie noch etwas gemeinsam: Beide waren österreichische Bundeskanzler. Wenn auch mit sehr unterschiedlicher Verweildauer: Kreisky war mit dreizehn Amtsjahren der längstdienende Kanzler des Landes. Und Breisky ging ausschießlich infolge der kürzesten Amtszeit aller österreichischen Regierungschefs in die Geschichte ein. Er war sage und schreibe einen Tag Bundeskanzler gewesen.

Und das kam so: Am 26. Jänner 1922 trat der parteilose Bundeskanzler Johannes Schober wegen einer Krise mit dem großdeutschen Koalitionspartner zurück, worauf der christlichsoziale Unterrichtsminister Dr. Walter Breisky sein Nachfolger als Regierungschef wurde. Als 24 Stunden später die Wogen geglättet waren und Schober wieder auf dem Ballhausplatz saß, da hatte Breisky seine Schuldigkeit getan – und Breisky konnte gehen. Er war auch in der neuen Regierung wieder Unterrichtsminister, aber nur noch für ein paar Wochen, denn im Mai 1922 wurde Prälat Ignaz Seipel neuer Kanzler, und der holte Breisky nicht mehr ins Kabinett.

In der österreichischen Innenpolitik von einer »Ära

Breisky« zu sprechen, wäre angesichts der nur eintägigen Kanzlerschaft etwas übertrieben. Auch für Wahlsprüche wie »Breisky, wer sonst?« oder »Laßt Breisky und sein Team arbeiten« war die Zeit wohl ein bisserl zu kurz.

Walter Breisky, Jahrgang 1871 – gelernter Jurist und auch tschechischer Herkunft wie Fast-Namensvetter Bruno Kreisky –, war seit 1920, vorerst als Staatssekretär, später als Unterrichtsminister und Vizekanzler in der österreichischen Bundesregierung. Ja, und am 26. Jänner 1922 schlug seine große Stunde, als er für einen Tag die Geschicke der Republik lenken durfte.

Nach diesem kurzen Höhenflug zog sich Breisky bald ganz aus der Politik zurück, um 1931 als Präsident des Statistischen Zentralamts in Pension zu gehen.

Läßt sich die Breisky-Biographie bisher recht amüsant schildern, so verlief der weitere Lebensweg und das Ende von Österreichs »Ein-Tage-Kanzler« leider tragisch. Breisky wurde im September 1944 vorübergehend festgenommen, nachdem ihn seine Haushälterin »wegen Abhörens des Feindsenders BBC« bei der Gestapo denunziert hatte. Wieder in sein Haus in Klosterneuburg bei Wien zurückgekehrt, setzte der ehemalige Politiker am nächsten Tag seinem Leben ein Ende.

Er war einen Tag Bundeskanzler gewesen. Und er konnte auch nur einen Tag mit der »Schande« leben, wie ein Krimineller gefangen gewesen zu sein.

# »Immer die depperten Opern«

Selbst in den schlimmsten Momenten unserer Geschichte kann es passieren, daß sich die eine oder andere heitere Episode einschleicht. Eine davon ereignete sich am 15. Juli 1927, inmitten des Infernos vor dem brennenden Justizpalast in Wien.

Sozialdemokratische Arbeiter stürmen das Justizministerium am Wiener Schmerlingplatz, um gegen den »Schattendorfer Prozeß« zu protestieren, bei dem drei Frontkämpfer freigesprochen wurden, denen die Erschießung von Angehörigen des sozialistischen Schutzbundes vorgeworfen worden war. Justizakten werden angezündet, Möbelstücke aus den Fenstern geworfen. Die Exekutive schreitet ein, es wird Schießbefehl erteilt. 89 Menschen (darunter vier Polizeibeamte) sterben, 660 Schwer- und mehr als tausend Leichtverletzte vor dem Justizpalast sind zu beklagen.

Die Episode am Rande dieser Katastrophe hinterließ uns der langjährige RAVAG-Chef Dr. Rudolf Henz: »Ein Reporterteam des damals erst drei Jahre jungen Rundfunks raste zum brennenden Justizpalast, vor dessen Toren bereits Tote und Verletzte lagen. Ein Polizeikordon hielt die Schaulustigen davon ab, sich dem Gebäude zu nähern. Doch als sich der Radioreporter einem Beamten ›Ich bin von der RAVAG‹ vorstellte – was damals einer Sensation gleichkam –, packte der Polizist den Journalisten am Kragen, beutelte ihn tüchtig durch und sprach, während rundherum die Flammen loderten: ›Endlich hab i an von der RAVAG. Des wollt' i euch nämlich immer scho sagen: Warum spielt's ihr immer so viel von die depperten Opern. Und so wenig von die Fußballmatch?‹«

Sprach's und ließ den Reporter zum grausamen Ort des Geschehens vordringen.


## Weil Hitler keinen Frack hatte

Es ist hinlänglich bekannt, daß kleine Ursachen große Wirkung nach sich ziehen können. Das diesbezüglich extremste Beispiel ist den Memoiren der Hofschauspielerin Rosa Albach-Retty – der Großmutter Romy Schneiders – zu entnehmen, die am Beginn unseres Jahrhunderts im Theater an der Wien engagiert war und dort Zeugin einer Geschichte mit wahrhaft gespenstischen Folgen wurde.

Eines Tages war bei Wilhelm Karczag, dem Direktor des Theaters, ein schmächtiger junger Mann zum Vorsingen erschienen, der sich um eine Stelle als Chorsänger bewarb. Er sang Danilos Auftrittslied *Da geh' ich zu Maxim* aus Lehárs *Lustiger Witwe*, worauf ihm der Direktor den positiven Bescheid gab, sich beim Chorleiter zu melden. Bald kamen ihm jedoch Zweifel, ob der Mann die nötige Abendgarderobe besaß, stand er doch in einem recht zerschlissenen Anzug vor ihm.

Schauspieler und Sänger mußten damals ihre eigene Bühnengarderobe mitbringen, um ein Engagement zu erhalten. Wer nicht zumindest über die Grundausstattung – Frack, Smoking, dunkler Anzug – verfügte, hatte keine Chance, von einem Theater engagiert zu werden.

Der Direktor fragte also: »Haben Sie einen Frack?«
»Leider nein, dazu reichen meine Mittel nicht«, kam als Antwort.

»Dann kann ich Sie leider nicht engagieren«, rief Karczag, »es ist bei uns üblich, daß auch die Choristen für ihre Kleidung aufkommen!«

Direktor Karczag, erinnerte sich Rosa Albach-Retty, hätte sich später oft vorgeworfen, damals – ohne es zu ahnen – die größte Dummheit seines Lebens begangen zu haben. Der Welt wäre wohl viel erspart geblieben. Denn der verhinderte Chorsänger des Theaters an der Wien war niemand anderer als – Adolf Hitler.

## Als in Wien die »Powidlkrankheit« grassierte

Als kurz nach Ende des Zweiten Weltkriegs ein amerikanischer Besatzungsoffizier einen Wiener nach dem Weg zur Staatsoper fragte, erhielt er die entwaffnende Antwort: »Wann's es aus der Luft g'funden habt's, wern's es z'Fuaß aa find'n!«

Eine andere Episode berichtet davon, wie sich so manche Wienerin gegen Nachstellungen und Vergewaltigungen durch die russischen Besatzer zu schützen wußte: Eine im Jahre 1945 an der Donau grassierende Epidemie wurde im Volksmund als »Powidlkrankheit« bezeichnet: Verängstigte Frauen schmierten sich Marmelade ins Gesicht, wobei der dadurch hervorgerufene

Anschein von Ausschlag und seuchenartiger Erkrankung in vielen Fällen tatsächlich abschreckend gewirkt haben soll.

Drei Mitglieder des ersten Wiener Stadtsenats in der Nachkriegszeit waren wohlbeleibte Männer: Franz Novy, Gottfried Albrecht und Josef »Beppo« Afritsch. Eine Tatsache, die den Wiener Bürgermeister – und späteren Bundespräsidenten – Theodor Körner 1946 zu der Bemerkung veranlaßte: »Und mit diesen ausg'fressenen Stadträten muß ich das hungernde Wien repräsentieren.«

# Grillparzer war kein Nazi

Die sowjetische Besatzungsbehörde verlangte von jedem Autor eines Stückes, das im Rundfunk gesendet wurde, eine Bestätigung, daß er nicht Mitglied der NSDAP gewesen sei. Als eine Grillparzer-Lesung auf dem Programm stand, urgierte der zuständige sowjetische Radio-Offizier Franz Grillparzers »Unbedenklichkeitsbescheinigung«. Worauf er vom Leiter der Hörspielabteilung die Antwort erhielt: »Die Vorlage der Bestätigung kann nicht erfolgen, da der Hörspielautor Franz Grillparzer vor Gründung der NSDAP verschieden ist.«

Eine Abordnung russischer Soldaten stattete in den ersten Nachkriegstagen der Wohnung Leopoldine Hörbigers in Wien-Mauer einen »Besuch« ab. Im selben Haushalt wie die Mutter der Schauspieler Attila und Paul Hörbiger lebte damals eine betagte Verwandte, die allseits »Tante Karoline« gerufen wurde und als besonders naiv galt. Die Sowjets sprengten die Wohnungstür mit Brachialgewalt, stürmten ins Wohnzimmer und brüllten Tante Karoline die Worte »Uhra, Uhra!« ins Gesicht.

Worauf die, wie gesagt, sehr naive Tante seelenruhig ins Nebenzimmer ging und ihrer Cousine zurief: »Leopoldine, die Herren Russen wollen wissen, wie spät es ist.«

Die Leidenschaft der Besatzer für Uhren und Schmuck war in der Nachkriegszeit natürlich ein Thema fürs Kabarett. Nach seiner Rückkehr in die Heimat, bald nach Abschluß des Staatsvertrags, trauert »Ivan« Fritz Muliar im fernen Sibirien den goldenen Zeiten an der Donau nach: »Knapp vor unserem Abzug mußte ich den Sohn meiner Quartiersfrau zur Firmung führen.«

»Warum?«

»Er hat seine goldene Uhr zurückhaben wollen!«


## »Geworfen unter Dr. Karl Lueger«

Wer kennt sie nicht, die Schilder auf den Wiener Gemeindebauten: »Errichtet im Jahre 1949 unter Bürgermeister Theodor Körner.« Wobei man sich bei manchem Bauwerk aus der wenig rühmlichen Epoche der

»Emmentalerarchitektur« nur wundern kann, daß der jeweilige Stadtvater die Anbringung seiner Namenstafel nicht verweigerte. Die ersten derartigen Hinweisschilder waren unter dem populären Stadtvater Karl Lueger aufgekommen, in dessen Amtszeit so viele kommunale Einrichtungen geschaffen wurden, daß sich die Wiener über den Schilderwald mit Hinweis auf ihren ersten Bürger lustig machten. Als im Tiergarten Schönbrunn ein Elefantenbaby das Licht der Welt erblickte, brachte ein Witzblatt eine Karikatur, die einen Elefantenkäfig zeigte, auf dem ein Schild mit der Inschrift prangte: »Geworfen unter Bürgermeister Dr. Karl Lueger.«

Im Jahre 1956 ernannte Bundeskanzler Julius Raab den bisherigen Staatssekretär Fritz Bock zum Handelsminister. Dr. Bock, der von seiner Ernennung aus dem Radio erfuhr, rief Raab an und wollte wissen, warum er nicht vorher gefragt wurde, ob er das Amt überhaupt antreten wollte.

Raab sagte nur: »Hätt'st na g'sagt, wenn i di g'fragt hätt'?«

»Nein, das hätte ich natürlich nicht gesagt.«

»Na also«, meinte Raab, »warum hätt' i di dann fragen sollen?«

Als Außenminister Leopold Figl in den fünfziger Jahren nach einem fulminanten Abendessen das renommierte Wiener Restaurant *Zu den drei Husaren* verließ, schrieb er ins Gästebuch: »Wie immer gut, Figl.«

»Aber Herr Minister«, sagte Restaurantchef Egon Fodermayer, »Sie sind doch das erste Mal bei mir, wie können Sie wissen, daß es immer gut ist?«

»Sie werden doch nicht behaupten«, replizierte Figl, »daß Sie manchmal schlecht sind.«

Im Gegensatz zu Figl war Wirtschaftskammerpräsident Rudolf Sallinger tatsächlich Stammgast bei den *Husaren*, und er begrüßte Herrn Fodermayer stets als »Herr Kommerzialrat«. Bis der ihm eines Abends gestand, daß er gar keiner sei.
Sechs Wochen später war er's. Wir leben halt in Wien.

Otto von Habsburgs geplante Einreise nach Österreich stellte im Jahre 1966 für viele Sozialisten ein Problem dar. Ausgerechnet am Höhepunkt der Habsburgkrise, als nämlich der Sohn des letzten Kaisers erstmals wieder österreichischen Boden betrat, beschäftigte Bundespräsident Franz Jonas einen Pressesprecher namens Dr. Alexander Otto. Ein Anrufer, der in der Präsidentschaftskanzlei Auskunft in einer Presseangelegenheit suchte, wunderte sich, als sich in der Hofburg eine Stimme mit den Worten meldete: »Hallo, hier Otto!«
Fassungslos fragte der Anrufer: »Ist es schon wieder soweit?«

Dem damaligen Bundeskanzler Dr. Bruno Kreisky wurde 1978 mitgeteilt, daß Österreich bei der Fußball-Meisterschaft dieses Jahres in einer Gruppe mit Holland, Schweden, Spanien und Brasilien spielen werde. Kreisky überlegte kurz und brummte dann: »Holland is' a Monarchie, Schweden is' a Monarchie, Spanien is' a Monarchie – was macht eigentlich Brasilien in unserer Gruppe?«

Daß Österreich in seiner Zeit eine war – das stand für den *Sonnenkönig* sowieso fest.

## Was heißt Schlapfen auf englisch?

Bundespräsident Dr. Thomas Klestil erinnert sich an eine Episode, die er als österreichischer Botschafter in den USA erlebte. »Eines Tages«, erzählt Klestil, »kam Bruno Kreisky als Privatmann zu einem Kongreß nach Washington. Er hat sich gewundert, daß ich ihn am Flughafen begrüßte, weil er ja damals bereits in Pension war. Aber ich empfand es als Selbstverständlichkeit, mich um den früheren Bundeskanzler zu kümmern. Wir fuhren mit meinem Wagen ins Zentrum der Stadt, und als er unterwegs eine Filiale der englischen Firma *Burberry* sah, bat er den Fahrer, er möge anhalten, weil er hier kurz aussteigen wollte. Dr. Kreisky holte einen Plastiksack aus dem Kofferraum, und ich begleitete ihn in das Geschäft.« Schon beim Eintreten fragte er Thomas Klestil: »Sag, was heißt Schlapfen auf englisch?«

Der Botschafter flüsterte dem Altkanzler, in korrekter Übersetzung, das Wort *Slippers* zu, worauf Kreisky aus dem mitgebrachten Sack ein Paar Hausschuhe hervorholte und zum Verkäufer sagte: »Ich habe vor einiger Zeit in Ihrer Filiale in London diese Schlapfen – *these slippers* – gekauft. Leider sind sie eine Nummer zu groß, könnten Sie mir's umtauschen?«

»In dem Geschäft«, fährt Klestil fort, »herrschte sogleich rege Betriebsamkeit, und man bemühte sich, dem alten Herrn verschiedenste Größen desselben Modells vorzuführen. Kreisky probierte eine ganze Reihe von Hausschuhen durch und sagte dann nach einiger Zeit: ›So, die da passen!‹« Jetzt macht Klestil eine kurze Pause, um die Pointe richtig servieren zu können. »Und da entgegnete der Verkäufer: ›Aber mein Herr, das sind die Schuhe, die Sie mitgebracht haben!‹«

## »Genauso möchte man sterben!«

Als der weltberühmte Börsenspezialist André Kostolany 1984 in Alpbach referierte, wurde er von einem Rundfunkreporter gefragt, wo er denn politisch stünde. Seine Antwort: »Mit dem Kopf rechts, mit dem Herzen links und mit der Brieftasche in Amerika.«

Einem rumänischen Geschichtsprofessor war noch zu Zeiten des unseligen Diktators Nicolae Ceausescu die seltene Erlaubnis erteilt worden, einige westeuropäische Hochschulen zu besuchen. Von seinen Gastvorlesungen an der Pariser Sorbonne, in Oxford und an der Universität Wien nach Bukarest heimgekehrt, meinte er: »Das kapitalistische System des Westens ist unerbittlich zum Tode verurteilt.«
Und im kleinen Kreis fügte er dann noch hinzu: »Und genauso möchte man sterben!«

# »Du wirst doch nicht auf mich hereinfallen«

## Stars und ihre Allüren

*»Ein Star ist ein Mann, der die beste Rolle,
den ganzen Gewinn und die Frau des Produzenten
verlangt – und das alles auch bekommt.«*

BILLY WILDER

# Eine Professur für Kainz-Verträge

Josef Kainz, der zu den bedeutendsten Schauspielern seiner Zeit zählte, brachte das Burgtheaterpublikum in jeder Vorstellung als *Cyrano de Bergerac* zu lautem Schluchzen. Als eines Abends selbst einer seiner Kollegen die Tränen nicht unterdrücken konnte, flüsterte ihm Kainz auf offener Bühne zu:»Du wirst doch nicht auch auf mich hereinfallen!«

Ein anderes Mal meinte er, sich voll der Wirkung bewußt, die er auf das Publikum auszuüben in der Lage war:»Würde ich auf der Bühne nur die Zunge herausstrecken, dann würden mir die Leute auch applaudieren«.

Kainz galt als extrem schwieriger Künstler. In seinen Vertrag mit dem Burgtheater ließ er nicht weniger als zwanzig Sonderpunkte eintragen, und am Ende der Verhandlungen stöhnte der Burgtheaterdirektor Alfred Freiherr von Berger erschöpft:»Man sollte an der Universität eine eigene Professur für Kainz-Verträge errichten!«

# »Sowas wie Sie darf weiterleben!«

Auch Friedrich Mitterwurzer zählte zu den Großen des Burgtheaters. Als er 1897 plötzlich und unerwartet an den Folgen einer Medikamentenvergiftung starb, war halb Wien auf den Beinen, um dem Schauspieler die letzte Ehre zu erweisen. Natürlich verabschiedeten sich auch die Kollegen des Burgtheaters. Als dem nicht minder berühmten Bernhard Baumeister am offenen Grab ein junger, sehr unbegabter Darsteller in die Arme lief, holte Baumeister weit aus und verpaßte diesem eine schallende Ohrfeige.
Entgeistert fragte der junge Mime den viel älteren: »Aber Herr Hofschauspieler, warum schlagen Sie mich?«
Baumeister würdigte ihn keines Blickes und sagte nur: »Herrgott! Ein Mitterwurzer mußte sterben. Und sowas wie Sie darf weiterleben!«

Der nicht minder berühmte Adolf von Sonnenthal starb 1909 im Alter von fünfundsiebzig Jahren. Der große Schauspieler war bis zuletzt mit der jungen Kollegin Hansi Schopf liiert. Als Karl Kraus, der die Künstlerin schon seit langem verehrte, die Nachricht von Sonnenthals Tod erhielt, sagte er nur: »Jetzt müßte man die Schopf bei der Gelegenheit packen!«

Adele Sandrock, die große Heroine des Burgtheaters, hatte eine Schwäche für den Adel, weshalb sie auch ganz besonders für ihren Kollegen Adolf Ritter von Sonnenthal schwärmte.

Zwei junge Schauspielerinnen standen in den Kulissen und erwarteten kichernd eine Antwort auf die Frage, wie sich denn Aristokraten in ihrem Liebesleben verhalten würden.

»Na, wie denn schon, ihr dummen Gänse«, fuhr die Sandrock ihre beiden Kolleginnen mit kräftigem Baß an. »Natürlich mit überlegener Ruhe!« Die jungen Damen nahmen den Satz nicht gerade als Empfehlung auf.

## »Das hätte ich nie von der Niese gedacht«

Im Gegensatz zur Sandrock wurde die Volksschauspielerin Hansi Niese nie ans Burgtheater engagiert. Als man sie fragte, woran das wohl liege, sagte sie: »Mir ist lieber, die Leute fragen: ›Warum ist denn die Niese nicht am Burgtheater?‹ als sie fragen: ›Warum ist denn die Niese am Burgtheater?‹«

Eines Abends belauschte die Niese nach ihrer Vorstellung im Theater in der Josefstadt die Worte einer Frau aus dem Publikum: »In dem heutigen Stück hat sich die Niese nicht sehr schön benommen«, sagte sie. »Der Mann war die ganze Zeit so lieb zu ihr und zum Schluß verläßt sie ihn. Das hätte ich nie von ihr gedacht!«

Ende des Jahres 1917, mitten im Ersten Weltkrieg also, nahm Hansi Niese an einem Empfang in Schloß Schönbrunn teil. Als man zum Diner schritt, mit dem einigen Vortragskünstlern gedankt wurde, die zur Aufmunterung der Soldaten an der Front beigetragen hatten, erschien auch Kaiserin Zita, die damals gerade ihr fünftes Kind erwartete.

Die Schauspielerin schaute die hochschwangere Frau des Kaisers sehr, sehr lange und sehr, sehr auffällig von oben bis unten an, hob dann mahnend den Zeigefinger und sagte – gegen jegliche Ettikette des Hofes verstoßend: »Jetzt is' dann aber genug, Majestät!« Die Kaiserin hat den respektlosen Rat der Niese übrigens keineswegs befolgt. Nachdem sie am 10. März 1918 von Erzherzog Karl Ludwig – jenem Kind, das Hansi Niese herannahen sah – entbunden wurde, bekam sie noch einen Sohn und zwei Töchter. Die freilich dann schon im Exil das Licht der Welt erblickten.

Alexander Girardi wurde gegen Ende seines Lebens noch ans Burgtheater engagiert, um den alten Weyring in Schnitzlers *Liebelei* zu spielen. Ein ihm von der Direktion zur Seite gestellter Sprachlehrer sekkierte den Volksschauspieler so lange, bis dieser die Geduld verlor und nicht sehr fein schnaubte: »Jetzt lecken S' mi aber in Oasch!«
»Arsch«, fiel ihm der Sprechlehrer ins Wort, »Arsch, Herr Girardi!«

Als er von einem Kollegen gebeten wurde, ihm zehn Gulden zu leihen, sagte Girardi: »Wissen S' was, lieber Herr, sind ma lieber gleich bös'!«

245

Ein besonders eitler Mime, so wird erzählt, sei einmal durch die Stadt gegangen und auf einen »Mann aus dem Publikum« getroffen. Ungefragt berichtete der Künstler von seinen Erfolgen, zitierte fulminante Kritiken, sprach von neuen Rollen – bis er endlich merkte, daß der Zuhörer die Geduld zu verlieren drohte. »Verzeihen Sie, daß ich immer nur von mir spreche«, erkannte der Schauspieler, »sprechen wir doch einmal von *Ihnen*. Wie habe ich *Ihnen* in meiner letzten Premiere gefallen?«

## Paula Wesselys Tante Josefine

Interviews mit berühmten Schauspielern hat es im vorigen Jahrhundert kaum gegeben. Umso mehr erstaunt ein Büchlein, das 1880 unter dem Titel *Decamerone vom Burgtheater* erschienen ist. Darin erzählt u.a. die berühmte Schauspielerin Josefine Wessely aus ihrem Leben. Ihr Name wäre heute vielleicht schon vergessen, hätte sie nicht eine Nichte namens Paula, die ihre große Tradition fortsetzte.

Josefine Wessely, 1860 in Wien geboren, wurde mit dreizehn Jahren Schauspielschülerin, kam mit sechzehn nach Leipzig und mit neunzehn ans Burgtheater. »Soweit meine Erinnerungen zurückreichen, hatte ich nur einen Gedanken, nur ein Ziel, nur einen Wunsch: der Bühne anzugehören«, berichtet sie in dem Buch. Über ihre Abschlußprüfung am Konservatorium erzählt sie: »Meine Aufgabe war die Marianne in den

*Geschwistern*, als Partner hatte ich mir meinen kleinen Bruder erwählt und während ich ihn auf der Bühne herzte und küßte, weinte ich heiße Thränen.« – Eben jener Bruder Carl wurde später Fleischermeister in Wien-Sechshaus. Und er war der Vater der Paula Wessely.

Josefine weiter: »Mit schwerem Herzen trennte ich mich von meiner Vaterstadt und ging nach Leipzig einer ungewissen Zukunft entgegen. Als Luise in *Kabale und Liebe* trat ich dort am 1. Juli 1876 zum ersten Mal vor ein wirkliches, streng prüfendes Theaterpublikum. Während um mich alles zitterte, war ich von stoischer Ruhe, ich spielte meine Rolle wie im Traume ab, und als der Vorhang zum letzten Mal gefallen war und ich an der Hand des Direktors immer und immer wieder vor das Publikum treten mußte, erwachte ich erst ganz zu mir selbst.«

Drei Jahre später wurde sie nach Wien geholt. »Ich, die Anfängerin, welche diese Künstler nur immer aus der Höhe und Ferne der vierten Galerie des Burgtheaters angestaunt und bewundert, sollte sie nun in der Nähe sehen, ja gemeinsam mit ihnen klassische Dichtungen darstellen. Das Glück stand mir zur Seite von Kritik und Publikum.«

Sie beeindruckte am Burgtheater als Luise Miller, als Klärchen, Emilia Galotti und als Gretchen (eine Rolle, die Jahrzehnte später auch zu den großen ihrer Nichte zählen sollte).

Paula Wessely hat ihre Tante nicht kennengelernt. Sie starb am 12. August 1887 im Alter von nur 27 Jahren während einer Tournee in der böhmischen Kurstadt Karlsbad.

# Ein Kritiker, der Paula Wesselys
## Talent nicht erkannte

Es hat ja noch nie jemand behauptet, daß Kritiker unfehlbar wären. Sie profitieren wohl auch ein wenig von der Tatsache, daß wir nur selten widerlegen können, was sie schreiben, zumal wir das Stück und die darin agierenden Schauspieler bei Erscheinen der Rezension im allgemeinen noch nicht gesehen haben. Bekommt man so eine Besprechung aber nicht am Tag nach der Premiere, sondern – sagen wir – mehr als siebzig Jahre später zu Gesicht, kann's einem anders ergehen. Etwa, wenn man in alten Bänden der Theaterzeitschrift *Die Bühne* blättert. In der Ausgabe vom 11. Dezember 1924 kann man auf einen bemerkenswerten Beitrag stoßen, dem der (namentlich nicht genannte) Kritiker den Titel *Theater der Schauspielschüler* verliehen hat. Darin versucht er sich nach dem Besuch einer »Übungsaufführung der *Akademie für darstellende Kunst*« als Prophet in Sachen Schauspielkunst.

Seriös, wie es dem Stil der eleganten Zeitschrift entspricht, würdigte der Rezensent »den jugendlichen Eifer und das Temperament der Klasse«. Weiters – und das sei ihm hoch angerechnet – erkannte er, daß in *Wallensteins Lager* Herr Karl Paryla »in der Schar der Soldaten hervorragte« – womit er ja tatsächlich das Format eines künftigen Mimen einzuschätzen wußte. Daß er »bei der Marketenderin Mizzi Vlck eine kommende Hansi Niese-Begabung« wähnte, mag aus heutiger Sicht erstaunen, sollte doch besagtes Fräulein Vlck in der Welt des Theaters keineswegs für weiteres Aufsehen sorgen.

Wedekinds »reizend inszenierte Komödie« *Die junge Welt* ließ im zweiten Teil des Abends »die weiblichen Begabungen der Akademie hervortreten«, wobei »insbesondere die Fräulein Duhm, Hradsky und Buschek« gelobt wurden. Da der Redakteur seine Berufung, Talente aufzuspüren, offensichtlich sehr ernst nahm, ließ er es sich auch nicht nehmen, »bei den Herren Anton Schwandner, Josef Zechel und Herbert Aichinger Anlagen zur Charakterkomik« zu entdecken.

Ich darf bemerken, daß die erwähnten Damen und Herren – mit Ausnahme von Karl Paryla – in der Theatergeschichte des 20. Jahrhunderts fürderhin keinen besonderen Platz einnehmen sollten.

Neben der Betrachtung des Rezensenten auf Seite 33 der Bühne vom 11. Dezember 1924 befindet sich ein Foto der ganzen Schauspielklasse, also auch jener Damen und Herren, die der Kritiker nicht für würdig befunden hat, als Begabungen erwähnt zu werden.

Und auf diesem Foto ist klar erkennbar (und im Bildtext mit ihrem Namen genannt) Fräulein Paula Wessely zu sehen.

Womit besagtem Rezensenten also die bedeutendste Schauspielerin unseres Jahrhunderts nicht weiter aufgefallen wäre.

Das Fehlurteil mag ein kleiner Trost sein für verzweifelte Theaterleute, die irgendwann in ihrem Leben verrissen wurden oder der wortreichen Vernichtung durch einen Kritiker entgegensehen müssen.

# »Prost!« – auf der Bühne und im Film

Paul Hörbiger riet einem jungen Schauspieler:»Wenn du spielst, mußt du nüchtern sein. Wenn du aber einen Betrunkenen spielst, dann mußt du besonders nüchtern sein.«
Er selbst sprach aus Erfahrung: Normalerweise trank er süßen Tee, wenn er dem Kinopublikum in einer Heurigenszene Wein vortäuschen sollte, doch als er 1931 in dem Film *Der Kongreß tanzt* einen Heurigensänger spielte, gab Regisseur Eric Charell die Order:»Bei mir muß alles echt sein, wir drehen hier einen modernen Film. Wenn Sie in der Heurigenszene Wein trinken, Hörbiger, dann müssen Sie auch wirklichen Wein trinken und nicht Ihren gesüßten Tee!«
Der Star singt das durch diesen Film berühmt gewordene Lied *Das gibt's nur einmal, das kommt nie wieder* – und trinkt echten Wein. Hörbiger: *Das gibt's nur einmal* ..., er macht einen Schluck, ... *das kommt nie wieder* ... Schluck ...
»Halt«, brüllt der Regisseur,»die Musik ist zu leise, Szene wiederholen.«
*Das gibt's nur einmal* ... Schluck ... *das kommt* ... Schluck.
»Bitte mit mehr Schmalz singen, noch einmal.«
*Das gibt's* ... Schluck ... So mußte Paul die Szene einige Dutzendmal wiederholen, bis er den Text nur noch lallen konnte und dem Regisseur nichts anderes übrigblieb, als die Dreharbeiten für diesen Tag abzubrechen.
Am nächsten Morgen begrüßte Charell den inzwischen wieder nüchtern gewordenen Schauspieler mit den fle-

hentlich vorgetragenen Worten: »Ich bitte Sie, Herr Hörbiger, trinken Sie um Gottes willen wieder Ihren gesüßten Tee!«

Burgtheater-Star Ludwig Devrient kam angeheitert zur Aufführung von Schillers *Die Räuber*. Als er als Franz Moor auf der Bühne seinem Vater einen Brief vorlesen sollte, schwankte er dermaßen, daß er sich nicht mehr auf den Beinen halten konnte und hinfiel. Immerhin war Devrient so schlagfertig, seinen Monolog mit den Worten zu beenden: »Mein Vater, Ihr seht ja selber, wie sehr mich diese Nachricht zu Boden schmettert.«

## Und so wollt's ihr den Krieg verlieren?

Hans Moser drehte während des Zweiten Weltkriegs zahlreiche Wiener Filme, die – sicherlich gegen den Willen der Nazis – dazu beitrugen, die Eigenart des zur »Ostmark« verkommenen Österreich wenigstens im Kino zu erhalten. In Wien gab es eine Widerstandsbewegung, deren regelmäßige Treffen in der Wohnung des Kaffeehausbesitzers Richard Patsch gegenüber der Staatsoper stattfanden und zu deren Mitgliedern Paul Hörbiger zählte. Einmal kam auch Hans Moser. Es war ein besonderer Tag, denn der Cafétier hatte »im Schleich« köstliche Lebensmittel in einer für das Kriegsjahr 1943 unvorstellbaren Qualität und Menge besorgt. Die Tische bogen sich förmlich, als man zum Abendessen schritt. Moser betrat das Speisezimmer, blieb einen Moment stehen, schaute sich die Leckerbissen genau an und sagte dann zu seinen Freunden: »Und so wollt's ihr den Krieg verlieren?«

## Hans Mosers Nachtkastl

Moser wurde einmal in der Straßenbahn von einem Herrn angesprochen, der sich als Möbelhändler vorstellte und zu ihm sagte: »Gehn S', Herr Moser, machen S' doch einen Ihrer berühmten Späße!«
Moser sah den Mann an und erwiderte: »Das würd' mir net im Traum einfallen. Wie komm' ich dazu, Ihnen umsonst an Witz zu erzählen? Sie kommen ja a net zu mir z'Haus, um mir gratis des Nachtkastl zu polieren!«

# Einmal noch ungarisch …

Die Brüder Paul und Attila Hörbiger waren – weil ihr Vater, der berühmte Konstrukteur Hanns Hörbiger, damals gerade eine U-Bahn für die ungarische Metropole baute – in Budapest zur Welt gekommen, und sie hatten dort auch die ersten Jahre ihres Lebens verbracht. Sie sprachen in ihrer Kindheit ausschließlich Ungarisch, und es ist kurios genug, daß diese beiden bedeutenden deutschsprachigen Schauspieler bis zu ihrem vierten bzw. sechsten Lebensjahr kein Wort Deutsch konnten.

In den folgenden Jahrzehnten beherrschten sie die deutsche Sprache – wie wir aus vielen Film- und Theateraufführungen wissen – in wunderbarer Weise, und es war klar, daß sie den Rest ihres Lebens nur noch in dieser Sprache miteinander verkehrten.

In den ersten Märztagen des Jahres 1981 ereignete sich etwas Eigenartiges. Paul lag im Lainzer Krankenhaus in Wien. Und als nun der fast 85jährige Attila seinem fast 87jährigen Bruder Paul an dessen Totenbett ein allerletztes Mal gegenübersaß, da sprachen sie wieder Ungarisch miteinander. Sie hatten es seit Jahrzehnten nicht mehr getan, doch jetzt, in der Stunde des Abschieds, verfielen sie noch einmal in die Sprache ihrer Kindheit.

# Goetz oder Berlichingen?

Der Autor und Schauspieler Curt Goetz wurde einmal zu einem Gastspiel ans Burgtheater eingeladen, doch war man sich bezüglich der Gage noch nicht einig. Ein Telegramm von ihm sollte alle Probleme restlos beseitigen: »Ich akzeptiere 3000,–. Goetz, sonst Berlichingen.«

Wir haben ihn als Weltstar in Erinnerung, als perfekte Verkörperung des Lebemannes und des eleganten Liebhabers. Aber Curd Jürgens hat auch eine sehr wienerische Geschichte. Zwölf Jahre war er Mitglied des Burgtheaters, und hier wurde er auch – von Willi Forst – für den Film entdeckt. Wien war der Ausgangspunkt seiner Weltkarriere, die ihn bis nach Hollywood führte. 1942 drehte Curd Jürgens an der Donau den Film *Wen die Götter lieben*, in dem er als Kaiser Josef II. und Paul Hörbiger als dessen Kammerdiener zu sehen waren. Gemeinsam sollten sie laut Drehbuch ein kleines Stück der *Sonatine* von Mozart auf der Geige spielen – übrigens eine historisch überlieferte Szene. Willi Boskovsky, Konzertmeister der Wiener Philharmoniker, war von Regisseur Karl Hartl engagiert worden, um den beiden Schauspielern einige Griffe beizubringen, damit ihr Geigenspiel möglichst echt wirkte. »Bitte, Majestät«, sagt Hartl nach wochenlangem Boskovsky-Training zu Curd Jürgens, »wir drehen.« Stundenlang und mit viel Geduld versucht der Regisseur die Szene »in den Kasten« zu kriegen – ohne Erfolg. Jürgens und Hörbiger sind keine großen »Geiger«. Endlich gibt Hartl einem Garderobier Anweisung, die linken Ärmel der Kostüme der beiden Schauspieler abzuschneiden, dann tuschelt er zu deren Erstaunen mit Boskovsky und zieht ihm den Ärmel Josef II. an.

»Kamera läuft!« – der Philharmoniker wird hinter dem »Kaiser« postiert: Jürgens spielt – und die Hand des Konzertmeisters geigt. »Herr Boskovsky«, sagt Hartl, »das richtige Halten des Instruments brauche ich Ihnen ja nicht zu erklären.«

»Der Kaiser spielte, als hätte er bei Yehudi Menuhin gelernt«, erzählte Curd Jürgens, »nach der Premiere des Films erhielt ich dann Hunderte von begeisterten Briefen, in denen stand, wie hervorragend ich Geige spiele.«

## Curd Jürgens liebt auf offener Bühne

Noch ehe er ans Burgtheater geholt wurde, war Jürgens am Wiener Volkstheater engagiert, in dem die folgende, recht pikante Episode spielt.

Der spätere »normannische Kleiderschrank« stand in einem Dutzend-Lustspiel auf der Bühne. Als damals 23jähriger jugendlicher Held verkörperte er einen Skilehrer, der in den Bergen das Leben einer jungen amerikanischen Touristin rettet und dabei selbst verletzt wird.

Annie Rosar spielte eine Bäuerin, die die Pflege zu seiner Gesundung übernahm. Jürgens lag in einem riesigen Bett, das durch Vorhänge vom Wohnraum des Bauernhofs getrennt war. Während einer großen, rund zwanzig Minuten dauernden Szene der Rosar blieben die Vorhänge des Bettes, in dem Jürgens lag, geschlossen. Der Bühnenbildner hatte aber Mitlied mit ihm gezeigt und in den hinteren Bereich des Bettes ein »Schlupfloch« gebaut, so daß Jürgens während der Rosar-Szene gemütlich in der Kantine sitzen konnte. Doch weil die Rosar an manchen Abenden ein Stück des Vorhangs öffnete, beschloß Jürgens, tatsächlich im Bett zu bleiben. So lag er also da, als sich eines Abends, mitten im Stück, das Schlupfloch an der Bettrückwand öffnete und jene bildhübsche Schauspielerin zu ihm ins Bett kroch, die die junge Amerikanerin spielte.

Den Rest der Szene hinterließ uns Curd Jürgens in seinen Memoiren *Und kein bißchen weise*: »Mizzi fand es fad, allein auf das Stichwort zu warten. Die Gefahr ertappt zu werden, erhöhte den Reiz der Situation derart, daß sie sich nicht wehrte, als ich ihre Skihose herunterstreifte, ja sogar half, eine klassische Stellung einzunehmen. Die Augenblicke, in denen wir zitternd das Aufreißen des Vorhangs fast herbeisehnten und überzeugt waren, daß unser Höhepunkt damit zusammenfallen mußte, werden mir unvergeßlich bleiben. Das Bewußtsein, eine improvisierte Bewegung der Rosar würde uns beide 1200 Zuschauern beim Bumsen zur Schau stellen, hatte etwas herausfordernd Endgültiges beschworen: die Sehnsucht, ertappt und erlöst zu werden ... Nun, nach wenigen Minuten stellten sich unsere Körper und Bewegungen auf den Rhythmus des buchstäblich vor unseren Nasen gesprochenen Dialogs ein, und es war wohl eine Art Überlebenswille, der uns

zum Höhepunkt trieb, rechtzeitig genug für Mizzi, auf
ihr Stichwort hin im Türrahmen zu erscheinen . . .
Atemlos und mit nie zuvor gespielter Zärtlichkeit absolvierten wir die Schlußszene.«
Laut Regie sollten Mizzi und Curd am Ende der Vorstellung so schnell wie möglich die Bühne räumen, um
Annie Rosar, dem Star des Abends, allein den Applaus
zu überlassen.»Doch als Mizzi und ich Hand in Hand
auftraten, um uns zu verbeugen«, schreibt Curd Jürgens weiter,»brach ein Orkan los. Es war, als hätten
1200 Zuschauer an allem teilgenommen, was wir getan
– nicht gespielt – hatten.«
Auf dem Weg in die Garderobe sagte die Rosar dann zu
dem jungen Paar:»Heute habt ihr zwei aber sehr gefallen.«
Curd Jürgens jedenfalls blieb die Gewißheit,»daß der
Zuschauer eine Antenne ausgefahren hat und wie auf
einem Radarschirm die wahren Beziehungen zwischen
den Darstellern abliest . . .«


## »Es ist schwer, ein Mensch zu sein«


Oskar Werner, geboren am 13. November 1922 als
Josef Bschließmayer in der Marchettigasse 1a in Wien-
Gumpendorf, wußte früh von seiner Berufung zum
Schauspieler. So wird überliefert, daß er als Bub, auf
dem Heimweg von der Realschule, einen Blinden spielte und sich von fremden Leuten über die Straße führen
ließ.

1941 wurde er ohne Schauspielausbildung ans Burgtheater geholt, nach dem Krieg entdeckte ihn Karl Hartl für den Film. Seine erste Rolle in *Der Engel mit der Posaune* sollte ihm zum Verhängnis werden: als Oskar Werner zur Synchronisation der englischen Fassung – ohne Urlaub zu nehmen – nach London reiste, wurde er vom Burgtheater fristlos entlassen.

Im selben Jahr unterschrieb er in Hollywood einen Siebenjahres-Vertrag mit *20th Century Fox*, den er aber nach nur zwei Jahren wieder auflöste.

In *Hamlet, Don Carlos, Kabale und Liebe* fand er nun als freischaffender Künstler seine Theaterrollen, im Film wurde er in *Das Narrenschiff* und *Fahrenheit 451* weltberühmt.

1959 holte ihn Ernst Haeusserman zurück an die »Burg« – doch zwei Jahre später erfolgte der nächste spektakuläre Abgang. Überhaupt: Die Liste der von ihm *nicht* realisierten Projekte würde ein ganzes Schauspielerleben ausfüllen: Zu Shakespeares vierhundertstem Geburtstag bereitete er Tourneen vor, die ebensowenig zustande kamen wie fix geplante Aufführungen bei den Salzburger Festspielen. Drei Jahre verhandelte er wegen eines *Faust*-Projekts mit ORF und Theater in der Josefstadt. Es scheiterte wie auch eine neuerlich geplante Rückkehr ans Burgtheater. Und wie achtzig weitere Rollen, die er als »Verrat am guten Geschmack« ablehnte.

Die eigene Genialität stand ihm im Wege, Kompromisse konnte und wollte er nicht eingehen.

Franz Albrecht Metternich-Sandor erinnert sich an einen Abend, an dem Oskar Werner sein Gast auf Schloß Grafenegg war. Als die Diskussion mit einem

weiteren Gast, Professor Erwin Ringel, zum Streit aus-
artete, herrschte der Schauspieler den Psychiater an:
»Sagen Sie kein Wort mehr. Mein Beruf ist es, zu reden.
Ihrer ist es, zuzuhören!«

Ins Gästebuch von Gerhard Tötschinger schrieb Oskar
Werner: »Es ist schwer, ein Mensch zu sein. Im Leben
und auf der Bühne.«

# Das Geheimnis der Akademie

In den siebziger Jahren trat Louise Martini am Münchner
Residenztheater in Molnárs *Liliom* als Karussellbesitzerin
Muskat auf. In demselben Stück spielte auch eine andere
Wienerin, die Burgschauspielerin Adrienne Gessner, mit.
Die beiden Damen hatten eine gemeinsame Garderobe,
die eines Abends ein über achtzigjähriger Kollege namens
Erwin Faber betrat. Er unterhielt sich ein wenig mit der
gleichaltrigen Gessner und sagte dann, ehe er wieder
ging: »Adrienne, wir sind jetzt die beiden letzten, die das
Geheimnis der Akademie noch kennen.«
Die Worte ließen Louise Martini aufhorchen. »Verzeihen
Sie«, sagte sie zur Gessner, »ich will nicht unhöflich sein,
aber bitte sehr: Was ist das Geheimnis der Akademie?«
Die alte Schauspielerin lächelte und vertraute der jungen
Kollegin die folgende Geschichte an: Sie und Erwin Faber
hatten in den letzten Jahren der Monarchie die Schau-
spielklasse der *Akademie für Musik und darstellende
Kunst* in Wien besucht. Es war ein guter Jahrgang, zählten

doch auch Maria Eis, Fritz Kortner, Alma Seidler und Karl Farkas zu den Absolventen. Und Elisabeth Bergner. Letztere sollte die größte Karriere, eine Weltkarriere, schaffen: als Shakespeare-Darstellerin und durch internationale Filmerfolge wie *Fräulein Else* und *Ariane*. Doch an der Akademie galt damals eine ganz andere Künstlerin als besonders hoffnungsvolles Talent. Sie hieß Grete Jacobson.

Eines Tages wurde die Jacobson krank. Elisabeth Bergner (die im *Jahrbuch der Akademie* noch Elly Bergner hieß) besuchte sie regelmäßig im Spital und fragte immer wieder, wie sie diese und jene Rolle anlegen würde. Grete Jacobson zeigte es ihr und spielte der Freundin am Krankenbett jede einzelne Szene detailliert vor.

Grete Jacobson erholte sich von ihrer Krankheit und ging nach einiger Zeit in eine Vorstellung der Neuen Wiener Bühne in der Wasagasse, in der die junge Bergner auftrat. Und Jacobson glaubte ihren Augen und Ohren nicht trauen zu können. Denn Elisabeth Bergner spielte die Rolle nicht, wie Elisabeth Bergner sie gespielt hätte – sondern wie Grete Jacobson der Bergner vorgespielt hatte, daß sie sie spielen würde.

Und dies änderte sich, so die Gessner, nie mehr. Die Bergner blieb immer die Jacobson – und wurde weltberühmt.

Das also war »das Geheimnis der Akademie«.

Nun ist's also kein Geheimnis mehr. Dank Adrienne Gessner, die die kleine Geschichte der Louise Martini, und dank Louise Martini, die sie mir anvertraute.

Diese Zeilen sollen den Ruhm der großen Elisabeth Bergner in keiner Weise schmälern. Aber auch den Anteil, den Grete Jacobson daran hatte, festhalten.

# »Dös is ka Musi net« oder: Verkannte Genies

Sie zählen zu den Großen unseres Jahrhunderts, über ihre außergewöhnlichen Talente gab und gibt es keinen Zweifel. Und doch: die wahren Qualitäten bedeutender Künstler wurden nicht immer sofort erkannt. Hier ein paar signifikante Beispiele dafür: Willi Forst sprach 1919 beim blinden Wiener Theateragenten Lippa vor. Der Impresario hörte dem erst sechzehnjährigen Forst aufmerksam zu und engagierte ihn ans Stadttheater von Teschen – als »erfolgversprechende junge Sängerin«!

Falsch eingeschätzt wurde vorerst auch Operettenliebling Hubert Marischka. Sein erstes Engagement hatte er in St. Pölten, wo er auf die Frage des Theaterdirektors: »Was können Sie?« die bescheidene Antwort gab: »Alles!« Drei Jahre später war er am Theater an der Wien, wurde aber bald von dessen Direktor Wilhelm Karczag mit dem Hinweis: »Vollkommen untalentiert!« gefeuert. Was beim Weitblick Karczags nicht unbedingt ehrenrührig war, denn der ehemalige Pferdehändler hatte auch einmal Franz Lehár, als ihm dieser einige Melodien der *Lustigen Witwe* vorspielte, mit den Worten »Dös is ka Musi net« hinauskomplimentiert. Marischka landete nach dem Hinauswurf am Carltheater in der Leopoldstadt, wo ihm innerhalb kürzester Zeit ganz Wien zu Füßen lag. Direktor Karczag holte ihn später reumütig – und für sehr viel Geld – zurück, gab dem »Talentlosen« seine Tochter zur Frau und ernannte ihn zu seinem Nachfolger. Hubert Marischka sollte das Theater an der Wien in den zwanziger Jahren zu ungeahnter Blüte führen.

Weitere Beispiele gefällig? Hans Moser tingelte zwanzig Jahre durch die Provinz, ehe Max Reinhardt sein Genie erkannte und ihn als Starkomiker an jenes Theater in der Josefstadt holte, das Moser siebzehn Jahre vorher enttäuscht verlassen hatte, weil ihm der damalige Direktor Josef Jarno nur unbedeutende Pikkolo-Rollen überlassen hatte.

Ein junger Schauspieler trat 1950 in der Simpl-Revue *Kolumbus entdeckt Amerika* auf. Kabarett-Chef Karl Farkas verzichtete bald auf jede weitere Zusammenarbeit und meinte: »Wenn er wenigstens eine Stimme hätte, könnte er Sänger werden.« Inzwischen ist der »Stimmlose« Plattenmillionär. Sein Name ist Peter Alexander. Irren ist menschlich.

## »Sehr geehrte Frau Eckhardt!«

Seinen Humor hatte Fritz Eckhardt bis zuletzt nicht verloren. Kurz vor seinem Tod am Silvesterabend des Jahres 1995 wurde ihm noch an seine Adresse in Klosterneuburg ein Brief zugestellt, adressiert »An Frau Hilde Eckhardt«. Absender war der Norddeutsche Rundfunk in Hamburg. »Sehr geehrte Frau Eckhardt«, stand in dem Schreiben, »der NDR hat kürzlich die Wiederholung des von Ihrem verstorbenen Mann Fritz Eckhardt verfaßten

*Tatort*-Krimis *Baranskis Geschäfte* ausgestrahlt. Wir bitten Sie, uns mitzuteilen, auf welche Kontonummer wir das ausstehende Honorar überweisen dürfen.«
Da konnte der damals 87jährige Fritz Eckhardt noch einmal herzhaft lachen. Denn seine Frau war es, die zu diesem Zeitpunkt schon seit sieben Jahren tot war. Also setzte er sich hin und schrieb an den NDR: »Sehr geehrte Herren! Die Nachricht von meinem Tode, die Sie offenbar erhalten haben, ist reichlich übertrieben. Hochachtungsvoll Fritz Eckhardt.«

Hamburg spielt auch in einer anderen Eckhardt-Anekdote mit. Der Star war gerade im Auto von der Hansestadt nach Wien unterwegs. Am Grenzposten Braunau wurde der Unverwechselbare Opfer einer Verwechslung. »Schön, daß Sie zu uns kommen, Herr Knuth«, sagte der Zollbeamte.
Eckhardts Reaktion: »Aber der Gustav Knuth ist doch schon tot!«
Daraufhin der Zollbeamte verlegen: »I hab' mir eh denkt, daß Sie sich sehr verändert haben!«

Verändert hatte sich Eckhardt auch während der Dreharbeiten zu der Fernsehserie *Wenn der Vater mit dem Sohne*. Und zwar figürlich. Hatte er doch in einer Szene mit seinem »Sohn« Peter Weck den Eiskasten seiner Wohnung zu plündern. Den beiden fiel dies nicht allzu schwer, zumal sie ja – auch privat – recht gerne essen. Während der Dreharbeiten haben sie so viel zugenommen, daß sie im Anschluß daran gemeinsam auf den Semmering fuhren.
Zur Abmagerungskur.

**1957** sang Eckhardt die Rolle des Kezal in der TV-Verfilmung von Smetanas *Die verkaufte Braut*. Das heißt, Eckhardt spielte den Kezal, gesungen wurde die Partie von Kammersänger Oskar Czerwenka. Eckhardt mußte die Rolle genau nach den bereits fertig aufgenommenen Musikbändern stumm »singen«, also zu Czerwenkas Ton synchron die Lippen bewegen. Als die komische Oper im Fernsehen gelaufen war, sagte eine Bekannte zu Eckhardt: »Ich wußte gar nicht, was Sie für eine wunderbare Stimme haben, Herr Eckhardt. Dagegen kann sich dieser Czerwenka verstecken.«

## Der Graf von Laxenburg

Im Rahmen seiner Welttournee absolvierte das Burgtheater 1968 ein Gastspiel im Fürstentum Luxemburg. Beim Empfang nach einer umjubelten Vorstellung von Nestroys *Einen Jux will er sich machen* kam der Schauspieler Fred Liewehr mit dem damaligen Ministerpräsidenten von Luxemburg, Grégoire, ins Gespräch. Liewehr, der an der Volksoper auch Operetten sang, stellte die naheliegende Frage, ob in Luxemburg manchmal Franz Lehárs *Der Graf von Luxemburg* gespielt würde.

»Wissen Sie«, erwiderte der Politiker, »das ist so eine Sache. Wir lieben nämlich unsere Dynastie. Und da dieser Lehár-Graf ein rechter Filou ist, läuft die Operette bei uns unter dem Titel *Der Graf von Laxenburg*.«

# Quellenverzeichnis

Rosa Albach-Retty, *So kurz sind hundert Jahre*, Erinnerungen, Aufgezeichnet von Gertrud Svoboda-Srncik, Wien-München 1978.

Maxi Böhm, *Bei uns in Reichenberg*, unvollendete Memoiren, fertig erzählt von Georg Markus, Wien-München 1983.

Josef Cachée, Gabriele Praschl-Bichler, *Sie haben's gut, Sie können ins Kaffeehaus gehen*, Kaiser Franz Joseph ganz privat, Wien 1995.

Géza von Cziffra, *Der Kuh im Kaffeehaus*, München-Berlin 1981.

Felix Dvorak, *Dvorschak heißt man nicht*, Eine österreichische Familienchronik, St. Pölten-Wien 1994.

Max Edelbacher, Harald Seyrl, *Wiener Kriminalchronik*, Wien 1993.

*Alfred Grünwald und die Wiener Operette*. Mit Beiträgen von Henry Grunwald, Georg Markus, Marcel Prawy, Hans Weigel, Wien 1991.

Fürstin Nora Fugger, *Im Glanz der Kaiserzeit*, Wien 1932.

Rotraut Hackermüller, *Einen Handkuß der Gnädigen*, Roda Roda Bildbiographie, Wien-München 1986.

Gottfried Heindl, *Die Purpurschmiere*, Die Geschichte des Wiener Burgtheaters in Anekdoten, Wien 1990.

Gottfried Heindl, *Leg' mich zu Füßen Majestät*, Die Ära Kaiser Franz Josephs in Anekdoten. Wien 1985.

Ernst Haeusserman, *Das Wiener Burgtheater*, Wien-München-Zürich 1975.

Paul Hörbiger, *Ich hab für euch gespielt*, Erinnerungen, aufgezeichnet von Georg Markus, Wien-München 1979.

Curd Jürgens, *... und kein bißchen weise.* Autobiographischer Roman, Locarno 1976.

Margie Jürgens (Hrsg.), *Curd Jürgens, Wie wir ihn sahen.* *Erinnerungen von Freunden*, München-Wien 1985.

Eugen Ketterl, *Der alte Kaiser, wie nur Einer ihn sah*, Wien-München-Zürich 1980.

Karl Kraus, *Die Fackel*, München 1968–1970.

Anton Kuh, *Luftlinien*, Wien 1981.

Johannes Kunz, *Am Anfang war die Reblaus*, Die Zweite Republik in Anekdoten, Wien 1987.

*Lachendes Österreich*, Land und Leute im Spiegel des Humors, Wien 1978.

Anton Freiherr von Lehár, *Erinnerungen*, herausgegeben von Peter Broucek, Wien 1973.

Gerhard Magenheim, *Adolf Bäuerle*, Biographie und kommentierte Briefedition (unveröffentlichtes Manuskript), Wien 1994.

Ekhard Mahovsky, *Die Furche von Slawikowitz und andere Anekdoten um Kaiser Joseph II.*, Wien-München 1980.

Georg Markus, *Das große Karl Farkas Buch*, Wien-München 1993.

Georg Markus, *Kriminalfall Mayerling*, Leben und Sterben der Mary Vetsera, Wien-München 1993.

Georg Markus, *Schuld ist nur das Publikum*, Geschichten aus dem Theater, Wien-München 1994.

Georg Markus, *Sigmund Freud und das Geheimnis der Seele*, Biographie, München 1989.

Hans Moser, *Ich trag im Herzen drin ein Stück vom alten Wien.* Aufgezeichnet von Georg Markus, Vorwort von Paul Hörbiger, Wien-München 1980.

Gunther Philipp, *Mir hat's fast immer Spaß gemacht*, Erinnerungen, München 1989.

Marcel Prawy, *Die Wiener Oper*, Geschichte und Geschichten, Wien-München-Zürich 1969.

Marcel Prawy, *Johann Strauß*, Weltgeschichte im Walzertakt, Wien-München-Zürich 1975.

Helmut Qualtinger, *Der Herr Karl und andere Texte fürs Theater*, herausgegeben von Traugott Krischke, Wien 1995.

Heinz Rieder, *Kaiser Franz Joseph Anekdoten*, Graz-Wien-Köln 1979.

Hermann Schreiber, *Schade nur, daß ich lesen kann*, Das Brevier für die Freunde guter Bücher, Wien 1972.

Werner J. Schweiger (Hrsg.) *Das große Peter Altenberg Buch*, Wien-Hamburg 1977.

Leo Slezak, *Meine sämtlichen Werke*, Berlin 1936.

Christian Spiel, *Anekdoten um Herbert von Karajan*, München-Esslingen 1968.

*Hugo Thimig erzählt*. Briefe und Tagebuchnotizen ausgewählt und eingeleitet von Franz Hadamovsky, Graz-Köln 1962.

Johannes Twaroch, *Literatur in Anekdoten*, Wiener Neustadt 1992.

Gerhard Vogl, *Ich bin im Bild*, Darsteller und Selbstdarsteller in Anekdoten und Karikaturen, Wien 1994.

Ulrich Weinzierl, *Er war Zeuge Alfred Polgar*, Wien 1977.

*Josefine Wessely erzählt*, in: *Decamarone vom Burgtheater*, Wien-Pest-Leipzig 1880.

*Billy Wilder*, Eine Nahaufnahme von Hellmuth Karasek, Hamburg 1992.

Oskar Willner, *Ich hab noch nie gefallen*, Schauspieler-Anekdoten, Wien 1977.

Alexander Witeschnik, *Warten auf das hohe C*, Geschichten und Anekdoten um die Oper und ihre Protagonisten, Wien o. J.

# Personenregister

271